빅 프라블럼에 도전하는
작은 아이디어

빅 프라블럼에 도전하는 작은 아이디어

나도 모르게 응원하고 싶어지는 스타트업 이야기

2017년 12월 15일 초판 1쇄 발행

지 은 이 | 모두를 위한 기술연구모임
펴 낸 곳 | 삼성경제연구소
펴 낸 이 | 차문중
출판등록 | 제1991-000067호
등록일자 | 1991년 10월 12일
주   소 | 서울특별시 서초구 서초대로74길 4(서초동) 삼성생명서초타워 30층
전   화 | 02-3780-8153(기획), 02-3780-8084(마케팅), 02-3780-8152(팩스)
이 메 일 | seribook@samsung.com

ⓒ 모두를 위한 기술연구모임 2017
ISBN | 978-89-7633-982-9 03320

삼성경제연구소 도서정보는 이렇게도 보실 수 있습니다.
홈페이지(http://www.seri.org) → SERI 북 → SERI가 만든 책

나도 모르게 응원하고 싶어지는
스타트업 이야기!

빅 프라블럼에
도전하는 작은
아이디어

| 모두를 위한 기술연구모임 지음 |

삼성경제연구소

지구의 '빅 프라블럼'에 도전장을 내민
작지만 강한 스타트업들

화제의 중심에 선 '스타트업'

전 세계 경제 산업계의 핫이슈를 고르라고 한다면 '스타트업'을 빼놓을 수 없다. 1990년대 닷컴 열풍 속에서 자라나 어느새 글로벌 공룡 기업으로 성공한 '한때 스타트업'들이 2000년대 들어 자신의 후예라 할 만한 신생 스타트업들을 거액에 인수하거나 이들에 막대한 투자를 하면서 대중의 관심이 다시 한 번 스타트업으로 몰렸다. 2006년 구글이 동영상 공유 사이트 유튜브를 16.5억 달러에 인수한 데 이어 2011년 마이크로소프트가 무료 인터넷 전화 서비스 기업 스카이프를 85억 달러에, 2012년 페이스북이 사진 공유 앱 개발 기업 인스타그램을 10억 달러에 인수하는 등 유명 스타트업을 대상으로 한 대형 M&A가 화제를 모았다.

젊은 청년들 몇 명이 뜻을 모아 스타트업을 세우고 잘 만든 앱이나 혁신적인 기술로 이른바 대박을 쳐서 수억, 수십억 달러를 받고 글로벌 기업에 팔아 하루아침에 백만장자가 되는 이야기가 잇따라 등장하다 보니, 대중들에게는 이제 이런 뉴스가 무덤덤하게 느껴질 정도이다. 심지어 상황이 역전되어 우버나 에어비앤비 같은 스타트업이 공유경제라는 새로운 비즈니스를 창출해내며 전통적인 업계 강자 기업들을 위협하고 있다.

언론은 연일 스타트업의 성공 신화를 보도하고, 거대기업들은 혁신 역량을 수혈하기 위해 유망 스타트업을 발굴하고 투자하느라 분주하다. 경영과 산업 전문가들이 스타트업의 성공 비결을 분석한 도서들이 우후죽순 출판되고, 각국 정부들은 제2의 실리콘밸리를 만들어 새로운 산업을 육성하겠다면서 각종 창업 지원 정책을 내놓고 있다. 스타트업을 둘러싼 뜨겁고 광범위한 돌풍이 사회 전반에서 휘몰아치고 있다고 해도 과언이 아니다.

그러나 잘 생각해보면 현재의 거대기업들도 모두 신생기업이던 시절이 있었다. 신생기업의 성장과 성공 스토리가 늘 있었건만 스타트업에 대해 유난스레 호들갑을 떠는 이유가 무엇일까 하고 의문을 가지는 사람도 분명 있을 것이다.

스타트업의 정의나 어떤 기업을 스타트업으로 분류할 것인가에 대해서는 사실 분명한 기준이 있는 것은 아니다. 그러나 일반적으로 스타트업은 '기술혁신'을 토대로 '빠르게 성장'하며, 수평적이고 역동적인 조직문화에서 배양된 창의성과 효율성 등이 강점인 기업을 지칭한다는 점에서 전통적 산업 패러다임에서 보아온 신생기업과는 분명 차별적이다. 2013년 《포브스》지가 흥미로운 기사를 낸 적이 있다. 12월 6일자 기사로 제목은 "스타트업은 무엇인가?(What is a startup?)"인데, "회사 연혁이나 조직 규모, 상장이나 인수합병 여부 등 스타트업을 분류하는 다양한 잣대가 있지만, 정작 스타트업 CEO들이 중시하는 자신들의 아이덴티티는 무엇인가?" 하는 주제를 다루고 있다. 다양한 의견이 소개되었는데 그중 눈길을 끄는 말이 있었다. "스타트업은 문제를 해결하고자 하는 기업이다. 비록 그 문제가 분명하거나 성공이 보장되어 있지 않더라도……." 혁신적인 온라인 안경 판매로 돌풍을 일으킨 와비 파커(Warby Parker)의 공동 창업자 닐 블루멘탈(Neil Blumenthal)의 말이었다. 결국 스타트업의 가장 본질적인 특성은 전통 산업에서 이뤄내지 못했던 '혁신성 추구'라 할 수 있으며, 이들의 파급력 역시 기존 기업에 대한 관념을 뛰어넘는다는 점에서 스타트업의 도전은 대중과 업계를 희망에 들뜨게 하고 매혹시키기에 충분하다 할 수 있을 것이다.

●

스타트업을 더 넓은 시야로 바라본다면?

사실, 이 책은 SERI 연구원들의 사소한 사담(私談)이 꽤 깊이 있는 토

론으로 이어지면서 시작되었다. 테크 분야에 관심을 갖고 있던 몇몇 연구원이 업계 동향에 대해 이야기를 나누다 보니 대화의 주제는 자연스럽게 화제의 스타트업으로 흘러갔다. 그런데 이날 연구원들의 관심을 끈 것은 화려한 스포트라이트를 받으며 대박을 친 스타트업들이 아닌 '독특한 괴짜' 또는 '(사람으로 치자면) 결이 좀 다른' 스타트업이었다. 지구와 인류사회가 처한 공통 난제, '빅 프라블럼'을 기술로 해결해 더 나은 세상을 만들겠다고 도전장을 내민 스타트업들이 바로 그들이다. 누군가의 즐거움, 편리함, 경제성 등을 높여 큰돈을 벌어들이고 있는 스타 스타트업들이 많지만 그 사이에서 문제 해결은 어려운 반면 그다지 돈이 될 것 같지 않은 사업 아이템에 몰두하고 있는 스타트업들이 눈에 들어온 것이다. 이들은 비즈니스를 통해 경제적 가치를 창출하는 동시에 지구와 사회의 위기를 해결해 공익적 가치를 이뤄내겠다는 '야심차지만', '순진한' 또는 '엉뚱한' 면모를 보여주고 있었다.

SERI 연구원들이 나눈 대화의 종착점이자 서로의 호기심이 합일되어 나온 질문은 이것이었다. "좋은 일이지만 과연 어떻게 비즈니스가 되지?" 이 질문을 시작으로 뜻 맞는 연구자들끼리 '경제적 가치와 사회적 가치'를 동시에 추구하는 스타트업들을 발굴해 이들의 기술과 비즈니스 모델을 스터디해보기로 했고 그 결과물이 쌓여 이렇게 책을 내는 데까지 이어지게 되었다.

막상 연구를 진행해보니 당초 막연하게 생각했던 것보다 더 많은 스타트업들이 다양한 방식으로 '사회적 가치 창출'에 도전하고 있었다.

스타트업에 대한 분류 기준이 주관적이고 모호한 데다 사회적 가치 창출의 대상 범위가 폭넓다 보니, 이른바 '사회적 스타트업'으로 발굴한 사례들의 스펙트럼도 무척 다양했다. 그리고 이들 스타트업을 자세히 들여다보니 사회적 가치를 추구하는 목적이나 방식에서 3가지 상이한 유형이 있음을 발견할 수 있었다(아래 그림 참조).

자의건 타의건 사회적 스타트업으로 분류되는 경우, 무엇보다 기술혁신보다는 '신생의' '작은' 기업이라는 데 방점을 두고 박애정신

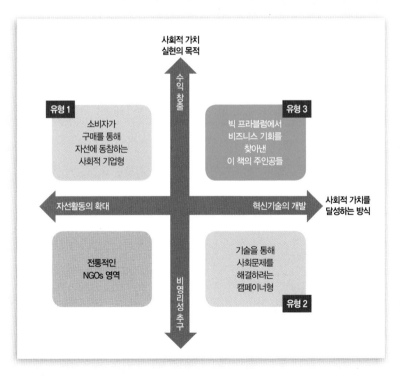

사회적 가치를 추구하는 스타트업의 3가지 유형

(philanthropy)에 입각해 자선활동과 마케팅을 연계하는 사업모델을 갖는 경우가 많았다(그림의 유형 1). 혁신적인 기술개발 활동과는 무관하게, 공정무역이라든지 빈곤층 지원을 위한 기부모금 활동, 적정기술(appropriate technology)을 활용해 개발도상국 빈민층의 생활을 돕는 제품을 만들거나 판매수익의 일부를 자선 또는 환경보호 활동 등에 활용하는 경우가 이 유형에 해당된다 할 수 있겠다. 사회적 기업형 스타트업으로서 대성공을 거둔 대표 사례로 탐스(TOMS)가 있다. 탐스는 소비자가 신발 한 켤레를 사면 개발도상국의 빈곤 아동에게 한 켤레가 전달되는 일대일 기부(one for one) 모델로 전 세계적 반향을 일으켰으며, 국내에서도 큰 인기를 끌고 있다.[1]

한편으로는 혁신기술을 개발했지만 이를 비영리적 목적에 한정하는 경우도 있었다(그림의 유형 2). 주로 국제기구나 로컬 NGOs와의 협력 및 지원하에 개발도상국에 IT 기술을 도입하도록 함으로써 치안이나 교육, 의료, 환경보호 등 공공 서비스의 질을 높인다든지, 공익적 효과가 큰 앱을 무료로 배포한다든지 하는 스타트업들이 여기에 해당한다. 예를 들면, 버려지는 휴대폰과 태양광 패널, 그리고 소음 감지 소프트웨어를 결합해 주변에서 소음이 나면 그것이 전기톱에서 나는 소리인지를 구별함으로써 실시간으로 열대우림의 불법 채벌

---

1 | 참고로 탐스의 CEO 블레이크 마이코스키(Blake Mycoskie)는 자신의 회사를 두고 "2006년 캘리포니아의 스타트업에서 시작해 2012년 매출 3억 달러 이상의 글로벌 기업이 되었다"라고 언급하고 있어, 탐스는 스스로의 아이덴티티를 '스타트업'으로 간주한 것으로 판단된다 ["The Founder of TOMS on Reimagining the Company's Mission" (2016. 1~2). *Harvard Business Review*].

을 감시하는 시스템을 개발한 레인포레스트 커넥션(RFCx: Rainforest Connection), '실용주의적 이상주의자', '선한 데이터(data for good)'를 표방하며 실업, 보건, 정의 등 사회문제를 효율적으로 해결할 수 있는 소프트웨어를 개발하는 베이즈 임팩트(Bayes Impact) 등이 그들이다. 최근 관심이 급증한 핀테크 분야도 예외는 아니다. 2005년 설립된 키바(Kiva)는 금융 소외 계층의 근본적 빈곤 탈출을 지원하기 위한 온라인 개인 간 소액 대출(microfinance) 플랫폼을 구축했다. 소규모 사업 자금 대출이 필요한 지원자가 자신의 사업 설명, 희망 대출 금액 및 상환 계획 등을 키바 홈페이지에 게시하면, 투자자가 이를 보고 마음에 드는 사업을 골라 최소 25달러 이상의 자금을 지원하는 방식이다. 대출자는 이렇게 받은 투자금으로 사업을 추진하고 대출을 상환하는데,

| 키바가 구축한 온라인 소액 대출 플랫폼에 올라온 사례. (키바 홈페이지 〈http://www.kiva.org/〉)

상환율이 무려 97%에 달한다고 한다. 현재 전 세계 84개국에서 약 170만 명에게 대출을 제공해 거래금액만 약 10억 달러에 이를 정도로 눈부신 성장을 이뤘지만, 여전히 '따뜻한 금융'을 지향하면서 비영리 활동을 이어나가고 있다.

●

누구보다 혁신에 앞장서고 있는 '사회적 스타트업'

그런데 이 책에서 특히 주목한 유형은 사회적 가치를 추구하는 스타트 업 중에서도 앞서 간단히 언급한 사회적 기업형이나 기술 기반의 캠페 이너형과는 다른 유형이다. '사회적 스타트업'이라는 폭넓은 후보군에 '스타트업의 진짜 본질'이라는 렌즈를 덧대어보기로 한 것이다. 현재 지 구사회가 안고 있는 수많은 도전적 난제의 해결방안을 개발해 사회적 가치 창출에 기여하되, 동시에 기술혁신을 이뤄 시장에서 경쟁력 있는 제품이나 서비스를 개발해내고, 수익을 창출해 자생적으로 성장할 수 있는 잠재력이 큰 스타트업(그림의 유형 3)을 발굴하는 데 주력했다. 그리 고 이들을 대상으로 심층적으로 그들의 기술과 사업모델, 철학과 비전, 그들의 창업 과정과 주목받는 스타트업이 된 비결 등을 자세히 들여다 보았다.

지구사회의 '빅 프라블럼'이 무엇인가를 두고는 의견이 분분할 터이 지만, 이 책에서는 가능하면 '세계 어디서나 보편적으로 공감할 만한 주제'라는 기준에서 '빅 프라블럼'을 골랐다. "무엇이 빅 프라블럼인가?"라는 질문에 답하기 위해 다양한 글로벌 기관(유엔이라든지 세계경제포럼이라든지)이 발표하는 분석 결과나 지표, 각종 어젠다와 언론의 설문조사 결과 등을 종합해 검토·토의하고, 공통으로 지적되는 사항들을 추리고 묶는 작업을 반복했다. 그 결과, 우리는 인류사회가 직면한 난제이자 향후 더욱 심각해질 4가지 문제를 선정할 수 있었다. 개인의 삶 측면에서 '질병과 삶의 질 저하', 물리적 삶의 터전 측면에서 '환경오염과 기후변화', 경제 구조적 측면에서 '불평등 심화', 사회적 측면에서 '폭력과 범죄 증가'가 그것이다. 그리고 이 4가지 빅 프라블럼별로 이를 해결하고자 도전장을 내민 혁신적 스타트업들의 이야기를 모으고 이들의 비전과 가치에 따라 내용을 구성했다.

이 책에는 마치 착한 심성의 친구가 성공하기를 바라는 마음처럼, 기술혁신으로 세상을 이롭게 하고자 나선 스타트업의 도전이 성공하기를 응원하는 마음이 담겨 있다. 더불어 공동체와 인류사회에 공헌하겠다는 원대한 꿈을 품고 창업에 도전하는 혁신적 기업가들이 국내에서도 많이 배출되기를 바라는 희망도 녹아 있다. 이 책이 독자들로 하여금 세계 곳곳에서 해결되지 못하고 있는 걱정거리 속에서 숨겨진 사업기회를 찾아내는 혜안을, 그리고 혁신적 아이디어를 비즈니스로 발전시켜나갈 수 있는 참전략을 얻는 데 조금이나마 도움이 되기를 소망한다.

2017년 겨울, 집필진

차례

건강한 삶,
지금보다 더 많은 이들이 누려야 할 인류의 권리

건강한 삶,
지금보다 더 많은 이들이
누려야 할
인류의 권리

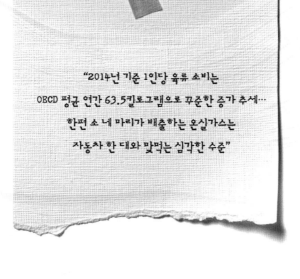

"2014년 기준 1인당 육류 소비는
OECD 평균 연간 63.5킬로그램으로 꾸준한 증가 추세…
한편 소 네 마리가 배출하는 온실가스는
자동차 한 대와 맞먹는 심각한 수준"

01

'기르는' 대신
'만들' 수는 없을까?

:: 멤피스 미츠(Memphis Meats) ::

가축은 인류문명 발전의 기반이었다. 가장 효율적인 동력원이 자 이동수단이었을 뿐만 아니라 주요한 단백질 섭취원이기도 했다. 재 레드 다이아몬드(Jared Diamond)는 대표작 《총, 균, 쇠(*Guns, Germs, and Steel*)》에서 신구대륙의 문명발전 속도가 달랐던 핵심 원인 중 하 나로 가축의 유무를 지목하고 있다. 산업혁명 이후 동력원·이동수단으 로서 가축의 기능은 빠르게 사라졌지만 단백질 섭취원으로서의 기능 은 오히려 폭발적으로 증가해 축산업은 오늘날 연간 8,830억 달러[1] 규 모의 거대 산업으로 성장했다. 그러나 이처럼 지금까지 인류문명과 궤를 함께해온 축산업은 이제 더 이상 지금 상태 그대로는 지속가능하지 않 다는 비판에 직면해 있다.

---

1 | 2013년 유엔 식량농업기구(FAO; Food and Agriculture Organization of the United Nations) 통계 기준.

축산업의 지속가능성을 위협하는 문제들

과연 무엇이 축산업의 미래를 불투명하게 할까? 우선 환경문제가 거론된다. 가축이 배출하는 온실가스는 인류활동에 따른 온실가스 총배출량의 14.5%를 차지하는데 차량, 비행기, 선박이 배출하는 온실가스를 모두 합친 것보다도 많다. 토지 사용도 문제다. 전 세계 육지 면적의 30%를 축산업이 차지하고 있으며 농지의 33%가 가축 사료를 생산하는 데 사용되고 있다.[2] 남미 등에서는 방목 및 사료 생산을 위한 농경지 확대가 열대우림 파괴의 가장 주요한 원인으로 여겨지고 있으며 아프리카에서는 과도한 목축으로 인해 사막화가 가속되고 있다. 생태계의 균형도 무너지고 있다. 현재 전 세계 가축 수는 닭 196억 마리, 소 14억 마리, 돼지 10억 마리 수준이다. 이렇게 인위적으로 단기간에 동물의 소품종 다량화가 이뤄지다 보니 가축 이외 동물들의 서식지가 줄어들어 멸종위기에 처하고 주기적으로 창궐하는 조류독감, 돼지독감 등 인수공통감염병이 가축뿐만 아니라 사람들의 생명까지 위협하고 있다.

동물윤리에 대한 관심도 증가하고 있다. 현대화된 축사는 '농장'이라기보다는 '공장'에 가깝다. 절대다수의 동물은 움직이기도 어려운 공간에서 사육되다가 도살장으로 보내진다. 이러한 공장화의 폐해를 최소화하기 위해 유럽에서는 돼지가 코로 땅을 파헤치는 본능, 임신한

2 | FAO (2013). Tackling Climate Change through Livestock-A Global Assessment of Emissions and Mitigation Opportunities.

돼지가 무리와 함께 있을 권리 등을 법으로 보장하여 최소한의 권리를 보호하고 있다.[3] 단지 인류의 단백질 섭취를 위해 가축을 학대해도 되는 것인지, 더 나아가 매년 수백억 마리의 가축을 도살하는 것이 정당화될 수 있는지 등 윤리적인 질문에 관심을 가지는 사람 또한 증가하고 있다. 건강하고 맛있는 식단을 위해 육류 섭취를 포기할 수 없을지라도 현재의 축산업 실태는 우리가 마주하기 싫은 '불편한 진실'인 것만은 분명하다.

그런데 수많은 환경 및 윤리문제를 야기하면서 생산해낸 고기 요리가 우리의 건강에는 과연 좋을까? "그렇다"라고 선뜻 대답하기가 어렵다. 동물성 또는 곡물 사료로 만들어진 '마블링 소고기'에 들어 있는 포화 지방산은 우리의 혈관 질환 리스크를 증가시킨다. 생산효율성 개선을 위해 가축에 주입하는 성장호르몬과 항생제는 결국 우리 몸에 흡수되어 여러 가지 건강 문제를 일으킬 수 있다.

가장 우려스러운 것은 전 지구적 인구 증가 및 삶의 질 향상에 따라 축산업이 직면한 여러 문제가 더 빠른 속도로 악화되고 있다는 점이다. 유엔 산하 식량농업기구의 보고서[4]에 따르면 2050년까지 세계 인구는 96억 명으로 증가하고 육류 소비도 2009년 2.7억 톤에서 2050년 4.7억 톤으로 급증할 전망이다. 육류 생산방식에 대한 근본적 고민이 필요한 상황이 닥치고 있는 것이다.

---

3 │ 돼지 보호에 관한 최소 기준은 유럽위원회 지침 'Council Directive 2008/120/EC'에 규정되어 있다.
4 │ FAO (2009). How to Feed the World in 2050.

기존의 고기보다 더 맛있고 건강한 배양육 만들기

스타트업 '멤피스 미츠(Memphis Meats)'는 '배양육(cultured meat)'이라는 대안을 모색하고 있다. 배양육은 생체 밖(in-vitro)에서 세포를 증식시키는 방식을 통해 얻을 수 있는 '만들어진 고기'이다. 우선 소나 돼지, 닭 등 가축에서 채취한 줄기세포를 아미노산과 당분, 각종 영양물질로 이루어진 배양액이 담긴 대형 배양조에 투입하고 근육 세포로 분화, 증식하도록 유도한다. 이때부터 몇 주간 집중적으로 영양을 공급하면 근육 조직이 형성된다. 동시에 근육 조직에 전기 자극을 주면 실제 동물 근육이 움직이는 것처럼 근육 조직이 수축, 이완하면서 더 쫄깃한 고기를 얻을 수 있다. 이런 과정을 9~21일쯤 거치면 배양액에서 고기를 '수확'할 수 있게 된다. 고기 생산과정이 와인 또는 맥주의 발효 제조과정과 사실상 크게 다르지 않게 되는 것이다.

이렇게 만들어진 배양육은 기존 축산업이 안고 있던 문제 대부분을 해결해줄 수 있을 것으로 기대된다. 가축을 오랜 기간 키울 필요 없이 짧은 기간에 모든 자원을 근육 조직 성장에 투입하다 보니, 도리어 매우 효율적이다. 소고기 1칼로리를 얻기 위해 23칼로리의 사료가 사용되던 기존 방식과 달리 3칼로리 정도의 영양물질만 있으면 되기 때문이다. 또한 물 사용량은 현재 수준보다 90% 이하, 에너지 사용량도 50% 이하로 줄일 수 있다. 동물과 관련한 윤리문제는 애초 발생할 소지 자체가 없다.

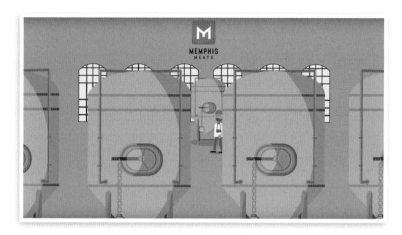

▌ 배양육 공장 내부 전경 상상도. 스테인리스 바이오리액터가 정렬된 모습이 현대화된 맥주 공장과 크게 다르지 않다. (멤피스 미츠 홈페이지 〈http://www.memphismeats.com/〉)

환경과 윤리 등 간접적 혜택을 논외로 하더라도, 배양육이 매력적으로 다가오는 가장 큰 이유는 깨끗하고 건강하고 맛있는 고기를 제조할 수 있어서다. 세균 감염이나 포화지방 생성을 원천적으로 차단할 수 있고 성장호르몬이나 항생제를 투입할 필요도 없게 된다. 그리고 식물 단백질 또는 곤충으로 만든 '고기맛 단백질 음식'[5]과 달리 진짜 고기를 지금처럼 그대로 즐길 수 있다.

배양육에 사용되는 생체 조직 배양 기술은 의료 분야에서 이미 많은 성과를 거뒀다. 대표적인 바이오 엔지니어링 스타트업 올가노보(Organovo)는 인공 혈관과 간 조직에 이어 신장 조직을 만드는 데 성

---

5 │ 영화 〈설국열차〉에 등장하는 바퀴벌레로 만든 단백질 바를 떠올려보라.

공해 2016년 9월부터 임상실험용으로 판매하고 있다.[6] 결국 '배양육'이란 의료 분야에서 시작된 생체 외 세포 배양 기술을 고기 생산에 활용하는 것이다.

실제로 멤피스 미츠의 공동 창업자 겸 CEO 우마 발레티(Uma Valeti) 박사는 의학자 출신이다. 미네소타 대학교 교수로 재직하면서 줄기세포로 심장 근육을 재생하는 연구에 매진하던 중 '고기'라는 사회적 빅 프라블럼을 해결하려는 목적으로 바이오 전문가인 니콜라스 제노비스(Nicholas Genovese), 윌 클렘(Will Clem) 두 사람과 공동으로 멤피스 미츠를 2015년 9월에 설립하였다.

물론 환경문제나 윤리문제를 해결하는 것만으로는 비즈니스가 될 수 없다. 이들의 가장 큰 숙제는 생산비용을 낮추는 것이다. 현재 프로토타입으로 생산한 고기는 그램당 생산원가가 40달러 수준으로 200그램의 스테이크를 만들 경우 고기 생산비용만 무려 8,000달러에 달한다. 멤피스 미츠의 목표는 생산 기술을 발전시켜 그램당 생산원가를 단기적으로 5달러, 궁극적으로는 0.02달러 수준으로 낮추는 것이다. 결코 쉬운 목표는 아니지만 멤피스 미츠는 향후 5년 내에 이 기술을 상용화해 우리의 식탁에 배양육을 올리고 20년 내에 기존 고기를 완전히 대체하고자 한다. 발레티 박사는 자동차가 가축의 운송수단 역할을 대체했던 것처럼 '불편한 현실'로 얼룩진 축산업을 배양육

6 | "ExVive™ Human Kidney Tissue". Organovo. 〈http://organovo.com/tissues-services/exvive3d-human-tissue-models-services-research/exvive-kidney-tissue/〉.

▌ 배양육으로 만든 미트볼 요리. (멤피스 미츠 홈페이지 〈http://www.memphismeats.com/〉)

으로 대체하는 것이 멤피스 미츠의 미션이라고 말한다.

멤피스 미츠는 현재 고기 본연의 맛과 건강을 양대 키워드로 내세우고 있다. 2016년 1월에는 200만 달러 벤처투자 유치를 기념하기 위해 실험실에서 배양한 고기로 근사한 미트볼 요리를 만들어 고기 본연의 맛을 재현해내는 퍼포먼스로 화제를 모으기도 했다. 요리된 형태는 물론이고 맛 또한 보통의 미트볼과 똑같았다고 전한다. 또한 제품의 조기 상용화를 위해 '건강한 프리미엄 고기'에 초점을 맞출 것으로 보인다. 환경이나 윤리 등의 이슈에 민감하고 건강한 고기를 먹고자 적극적으로 지갑을 열 잠재고객이 많은 실리콘밸리에 이 회사가 자리를 잡은 것은 우연이 아니다. 기존의 그 어떤 고기보다 더 맛있고 건강한 배양육이 우리 식탁의 일상이 될 수 있을까? 지켜볼 일이다.

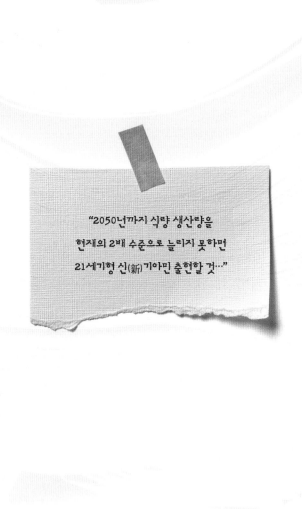

"2050년까지 식량 생산량을
현재의 2배 수준으로 늘리지 못하면
21세기형 신(新)기아민 출현할 것…"

02

누구나 쉽게 실내에서
농작물을 기를 수 있다면

:: 애그리리스트(Agrilyst) ::

스타트업은 사업 방식이나 기업 형태를 정의하는 것을 넘어 최근의 급변하는 글로벌 경제와 산업 환경 속에서 기업의 경쟁력을 유지하기 위한 필수 요소로 여겨지고 있다. 어떤 조사에서는 스타트업 정신을 기업의 혁신적인 문화를 만들기 위한 기본 요소로 여길 만큼[7] 스타트업의 가치는 갈수록 확대되고 있는 상황이다. 스타트업의 이러한 중요성을 일찍이 알았던 테크크런치(TechCrunch)는 2008년부터 런던, 뉴욕 등 세계 주요 도시에서 스타트업 경연대회를 개최하여 유망한 스타트업에는 상금 수여와 함께 투자자 및 파트너 연결 등을 지원하고 있다.

---

7 | 2016년 GE 글로벌 혁신지표 조사.

2015년 샌프란시스코 대회에서는 다소 특이한 스타트업 '애그리리스트(Agrilyst)'가 1등을 차지했다. 애그리리스트는 요즘 어디서나 활용되고 있는 빅데이터를 기반으로 하는 스타트업이다. 따라서 언뜻 보면 빅데이터를 활용하는 여타의 스타트업과 그리 다르지 않아 보일 수 있다. 하지만 애그리리스트는 실내농업을 위한 지능형 플랫폼을 제공한다는 측면에서 기존의 빅데이터 기반 스타트업과 차별성을 가진다.

●

농업인구의 감소와 농업사회의 고령화

"애그리리스트는 실내농업을 위한 지능형 플랫폼이다(Agrilyst is the intelligence platform for indoor farms)"라는 슬로건 아래, 이 회사는 차세대 실내농업을 가능하게 하는 다양한 서비스를 제공하고자 하며, 종국에는 미래에 인류가 마주하게 될 식량문제를 해결하는 데 빅데이터를 활용하는 솔루션을 제공하는 것을 목표로 한다. 그런데 미래의 식량문제라는 것이 대체 무엇이기에 빅데이터를 이용한 식량문제 해결이 주목을 받는 것일까?

식량문제를 일으키는 가장 큰 원인 중 하나로 농업사회의 고령화를 들 수 있다. 사실 고령화 문제는 어제오늘의 일이 아니다. 특히 일본을 비롯해 선진국들에서 고령화가 빠르게 진행하고 있으며, 이로 인한 농업 산업의 인력 부족은 심각한 수준이다. 일본 농림수산성 센서스에 따르면, 2005년 64세이던 농가 평균 연령이 2015년에는 67세로 불과

10년 만에 3세나 높아졌다. 농업인구의 연령별 구성 비율을 보아도, 65세 이상이 64.6％를 차지[8]하고 있는 데 비해 15~49세는 10.1％를 차지하는 데 그쳐 젊은 층의 인력 부족이 심각한 상황이다. 이러한 현상은 향후 미래 식량 자원의 비용 증가가 필연적일 수밖에 없음을 보여준다. 즉, 고비용 생산의 악순환이 일어날 수밖에 없는 것이다.[9]

개발도상국 역시 빠른 도시화로 인해 각종 공해 및 오염이 심각해지고 있는 상황이며, 이로 인해 최근 식량 안전성이 심각한 문제로 대두되고 있다. 이런 배경에서 미래에 안전한 식량 자원을 확보하기 위한 다양한 방법이 시도되고 있는 것인데, 애그리리스트는 개인이 실내에서 직접 농사를 지을 수 있는, 상황에 맞는 맞춤형 농업 솔루션을 그 해결방안으로 제시한다.

●

실내농업을 도와주는 애그리리스트의 솔루션

애그리리스트는 2015년 뉴욕 브루클린에서 앨리슨 코프(Allison Kopf)와 제이슨 캠프(Jason Camp)가 공동 창업한 스타트업이다. 물리학을 전공한 CEO 앨리슨 코프는 전 직장 브라이트팜즈(BrightFarms)에서 농업을 활용하여 도시의 온실가스를 관리하는 업무를 수행하였다. 해

---

8 | 일본 농업인구의 65세 이상 비율은 2005년 57.4%, 2010년 61.1%였다.

9 | 2015년 일본의 쌀 생산비용은, 10아르(a)당 13만 5,185엔(약 146만 원)으로 한국의 7만 2,148엔(약 78만 원)에 비해 2배 정도 비싸지만 수확량은 거의 비슷한 실정이다.

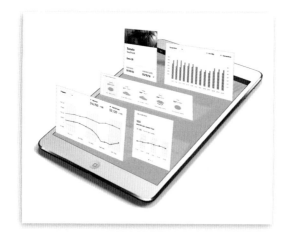

애그리리스트는 실내농업을 위한 다양한 정보를 제공한다. (애그리리스트 블로그 〈How Agrilyst Is Disrupting Indoor Ag Data〉)

당 업무를 수행하던 중 데이터 및 분석 기술을 농업 분야에 접목시키는 아이디어로 새로운 사업기회를 찾아냈다. 이는 바로 데이터 분석 기술을 통해 개인이 직접 경작하는 실내농업으로 믿을 수 있는 상품을 얻을 뿐 아니라, 온실가스를 저감해 환경 보존에도 기여하는 것이다.

실내농업을 운영하려면 이산화탄소, 조도, 물 공급 등 다양한 시스템 관리가 필요하고, 방대한 데이터를 체계적으로 활용하려면 네트워크와 센서가 있는 플랫폼이 필요하다. 애그리리스트는 이 모든 것을 대신 처리해주고 관리해줌으로써 사용자 편의성을 높이는 차별성도 함께 제공하고 있다.

애그리리스트의 실내농업용 솔루션은 다음 기능들을 제공한다. 첫 번째, 데이터의 통합이다. 실내농업이 이루어지는 환경 내에서 발생하는 모든 데이터를 통합하여 한곳에서 처리 및 관리를 해준다. 두 번째는 농장 관리이다. 농사는 규모와 상관없이 다양한 작업 및 관리를 요한다. 애그리리스트는 재배자가 실내농업 운영에 필요한 업무를 간편하고 쉽게 관리할 수 있도록 도와준다. 세 번째는 실시간 분석이다. 온도, 습도, 조도 및 실내농업에 필요한 다양한 환경을 분석하여 재배자에게 알려준다. 마지막으로는 추천 서비스이다. 애그리리스트는 앞서 언급한 데이터 통합, 농장 관리, 실시간 분석을 통해 최적 솔루션을 찾아내 이를 재배자에게 제안함으로써 생산비용은 줄이고 생산성과는 높일 수 있도록 해준다.

이러한 시스템을 통해 제공되는 서비스 및 플랫폼이 애그리리스트가 기존의 농업 시스템과는 차별화되도록 하는데, 많은 차별점 중에서도 주요 내용은 다음과 같다.

먼저, 편의성이다. 지금까지는 실내농업을 운영할 때 발생하는 방대한 양의 데이터를 재배자들이 직접 작성하거나 관리해야만 했다. 하지만 애그리리스트는 이러한 불편함을 해결하고 생산성을 높이기 위해, 각 센서에서 수집된 데이터를 하나의 플랫폼에 저장할 수 있고, 네트워크 기능이 없는 기기의 데이터 역시 엑셀에 입력하면 자동으로 분석이 가능한 플랫폼을 재배자에게 제공한다. 이와 같은 플랫폼을 통해, 실제로 재배자들은 온라인 계기판에서 데이터를 입력, 분석할 수 있게 되어 실내농업 관리를 보다 편리하게 할 수 있다.

다음으로는 용이성이다. 애그리리스트가 제공하는 플랫폼은 재배

애그리리스트 대시보드. 일주일 동안의 날씨와 습도를 알려주며 구역별 수확 및 발아 상태를 알려준다(위). 또한 경작에 필요한 최적 에너지 소모량과 실제 사용량을 비교하여 가이드를 제공한다(아래). (애그리리스트 블로그 〈Agrilyst: The Operating System for Indoor Ag〉)

가 일어나는 공간, 즉 실내농장에서만 작동하는 것이 아니다. 모든 데이터가 클라우드 환경에서 처리되기 때문에 재배자는 언제 어디서든지 시스템에 접속하여 경작 상황을 확인할 수 있다. 더욱이 보안 환경도 우수하여 재배자 이외의 다른 사람은 데이터에 접속할 수 없으며,

재배 환경을 조절할 수도 없다.

　마지막으로는 경제성이다. 실내농업은 재배자의 거주 환경 또는 경작지 규모에 따라 재배 환경이 상이할 수 있다. 애그리리스트는 재배자의 환경과 실내 경작지의 규모에 따라 시스템 이용료를 부과한다. 즉, 규모가 작은 경작지는 낮은 비용으로도 이 플랫폼을 통한 실내농업 운영이 가능하다. 이는 누구나 실내농업을 운영할 수 있도록 환경에 알맞은 합리적 비용을 제시한 것이라고 볼 수 있다.

　요즘에는 빅데이터 혹은 데이터 분석을 활용하는 서비스가 시장에 다양하게 출시되고 있다. 하지만 대부분은 서비스 및 IT 관련 재화에 집중되는 탓에 소비자들은 정작 그 효용을 직접 느끼지 못할 때가 많다. 하지만 농업과 같이 지속적 모니터링이 필요하고 시스템을 통한 관리가 요구되는 분야야말로 데이터 분석 솔루션을 도입함으로써 문제를 해결하는 데 큰 도움을 얻을 수 있을 것이다.

　최근 식당이나 개인들도 자신들이 직접 재배한 채소로 음식을 만들 정도로 실내농업 또는 개인 농업은 낯설지 않은 개념이다. 단순히 누군가가 나의 필요를 채워주고 대신해서 일을 처리해주는 것을 넘어 미래 식량 문제에 대한 해결점이 될 수 있다는 측면에서, 애그리리스트의 시도는 IT 영역의 경계를 벗어나 농업 산업까지 확산되는 데이터 분석의 한 사례라고 할 수 있다.

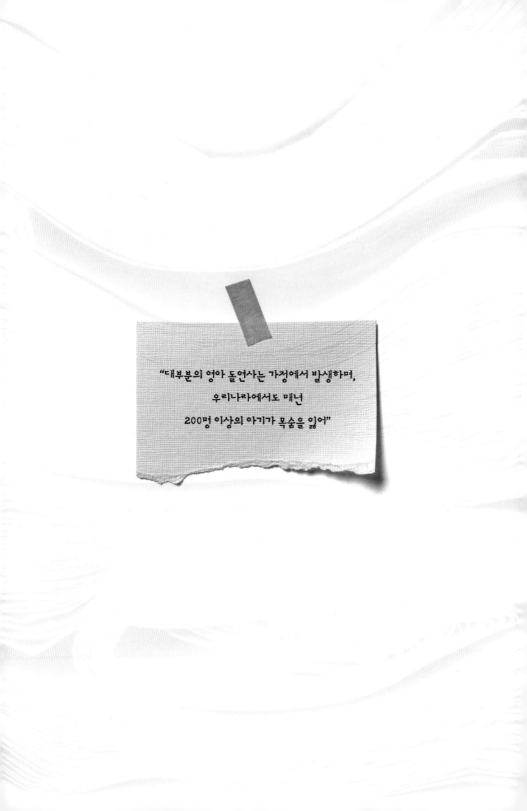

03

'아기에 관한 모든 것'을 연구하다

:: **올비**(Allb) ::

어린 아기를 키우는 부모는 아기에게서 한시도 눈을 떼면 안 된다는 생각에 마음이 불안할 때가 많다. 심지어 아기가 잠든 순간에도 부모의 걱정은 계속된다. 새록새록 잠든 아기를 바라보고 있노라면 한없이 예쁘고 사랑스러워 마음이 따뜻해지지만 한편으로 열이 나지는 않는지, 숨은 잘 쉬고 있는지 걱정이 되기도 한다. 늘 곁에서 아기를 직접 돌보고 싶지만 현실은 녹록하지 않다. 육아 외에도 다양한 가사 활동을 해야 하는 주부, 출근해야 하는 부모, 여러 명의 아기를 동시에 돌보아야 하는 보육교사들 모두 24시간 아기에게만 묶여 있을 수는 없기 때문이다.

이렇게 걱정이 끝없는 부모에게 공포심을 불러일으키는 단어가 있으니 바로 '영아 돌연사 증후군(SIDS: Sudden Infant Death Syndrome)'

이다. 12개월 미만의 영아가 수면 중 특별한 질병 없이 갑자기 사망하는 현상을 말한다. 2010년 통계청 자료에 따르면, 우리나라에서 영아 돌연사는 영아 사망 순위에서 3위를 차지하고 있고, 매년 200명 이상의 아기가 돌연사하는 것으로 알려져 있다. 선진국의 경우도 크게 다르지 않은데, 미국 질병관리본부(Centers for Disease Control and Prevention)에 의하면 2015년 미국에서만 3,700명의 아기가 영아 돌연사로 목숨을 잃은 것으로 보고되었다. 이는 이런 사고가 어느 가정에서나 일어날 수 있음을 보여준다. 영아 돌연사 증후군의 원인은 아직 제대로 파악되지 않았지만 고개를 가눌 수 없는 영아의 경우 푹신한 이불이나 침대에 엎드려 재우면 코와 입 등이 막혀 사망에 이르는 경우가 많다고 한다.

●

'영아 돌연사 증후군'의 공포에서 벗어날 방법을 연구하다

이처럼 아기 걱정으로 불안을 떨치지 못하는 부모의 마음에서 착안해 영유아의 상태를 실시간으로 체크해 알려주는 웨어러블 기기를 국내 최초로 개발한 기업이 있다. 바로 '올비(Allb; All about baby)'라는 스타트업이다. 올비는 기술을 통해 육아의 미래를 바꾸겠다는 모토를 내걸고 같은 이름의 베이비 모니터 제품을 만들고 있다. 올비 베이비 모니터는 아기의 움직임을 최대한 고려해 아기 기저귀나 하의에 착용할 수 있도록 만들어졌다. 이 작은 모니터는 아기의 피부 온도, 수면 패턴, 수면 중 호흡 상태 등을 실시간으로 파악해 기록하고 부모나 아기를 돌보는 사람의 스마트폰으로 전달해준다.

사실 영아용 웨어러블 기기는 몇몇 해외 업체가 이미 개발해 주목을 받은 바 있다. 예를 들어, 올렛 베이비 케어(Owlet Baby Care)는 양말 형태이며 아기 발에 신기면 심박과 체온 등의 생체 정보를 측정해 부모의 스마트폰으로 전송해준다. 아기가 엎드린 자세가 되면 알림을 주어 혹시 모를 사고에 대해 예방 조치를 취할 수 있게 도와주는 스마트 양말인 셈이다. 또 '작은 싹, 새싹'이라는 뜻의 베이비 모니터 스프라우틀링(Sproutling)은 아기 발목에 채우는 밴드 형태로 아기의 울음과 움직임을 감지해 관련 정보를 스마트폰으로 알려준다. 주변 소음

▌ 베이비 모니터 올비와 그 착용 모습. (올비 홈페이지 〈http://myallb.com/〉)

을 측정해줌으로써 적절한 수면 환경을 만들 수 있도록 돕고 아기가 몇 분 뒤에 깨어날지도 추정해 알려준다.

그렇다면 올비는 이들 해외 제품과 비교해 어떤 점이 더 뛰어날까? 베이비 모니터 전문가들은 올비가 해외의 다른 영아용 웨어러블 기기보다 정확도가 높고 다양한 기능을 제공한다는 것을 장점으로 꼽는다. 올비의 제품 개발에는 소아과 전문의는 물론이고, 빅데이터와 웨어러블 디바이스 전문가들이 참여했다. 그 덕분에 아기에 대한 이해와 기술력이 적절히 어우러진 제품이 탄생할 수 있었다.

아기들은 복식호흡을 하기 때문에 클립 형태로 아기의 배 부분에 채워 배의 움직임을 통해 호흡을 측정하는 올비는 정확도가 높고, 아기의 호흡 패턴을 지속적으로 저장하면서 실시간으로 현재 상태와 비교하는 '패턴 추적 형식'이라 신뢰도가 높다는 평가를 받는다. 또한 더욱 정확한 측정을 위해 올비는 자이로 센서, 가속도 센서, 온도 센서 등 다양한 센서도 담았다. 온도 센서를 통해 아이의 피부 온도를 측정하고, 자이로 센서와 가속도 센서를 이용해 수면 패턴, 활동 상태, 자세 등을 체크한다. 이렇게 다각도에서 이루어지는 데이터 수집으로 아기가 열이 난다거나 무호흡 등 이상 징후를 보이면 곧바로 아기를 돌보는 사람에게 알려 대처할 수 있도록 돕는다.

올비는 제품 개발 직후 이루어진 테스트에서 3초간 아기의 무호흡을 정확하게 감지했고 이 과정을 촬영한 영상이 페이스북을 통해 퍼져나가면서 입소문이 나기도 했다.

●

아기 건강도 챙기고 육아 초보 부모들도 돕는 유용한 기능 제공

올비는 아기의 상태를 알려주는 것 외에도 부모들이 필요로 하는 다양한 기능과 서비스를 제공한다. 특히 육아 초보 부모들은 다양한 육아 정보를 얻고 싶지만 어디에서 찾아야 할지 모르는 경우도 있고 너무나 많은 정보 속에서 유용한 정보를 가려내는 데 어려움을 겪을 수도 있다. '올비 인사이트 서비스'는 올비가 자체 개발한 60여 가지의 데이터 분석 알고리즘을 통해 올비 기기로 모니터링한 아기의 데이터를 분석하여 '내 아기에게 특화된' 맞춤 육아 정보를 제공한다.

부모뿐만 아니라 아기를 돌보는 여러 사람에게 아기의 상태를 알릴 수 있다는 것도 올비 제품만이 지닌 유용한 기능이다. 부모가 직접 권한을 부여하면 다른 사용자들에게도 아기의 정보가 전달되는 것이다. 육아는 혼자 감당하기 힘든 일인 만큼 다른 가족들의 관심과 참여가 중요한데, '올비 채팅'이라는 이 기능은 가족들이 올비 앱을 통해 채팅방을 개설하고 아기에 대한 상태를 공유하며 사진 갤러리도 활용할 수 있게 해준다.

하지만 이처럼 유용한 기기라 할지라도 부모들의 까다로운 니즈에 맞추려면 넘어야 할 산이 많다. 우선 아기들은 피부가 연약해 아기의 몸에 기기를 채우는 것을 꺼리는 부모가 많다. 이에 대해 올비는 기기의 외부를 무독성에 자극이 거의 없는 의료용 실리콘으로 감쌌기 때문에 아기 피부에 닿아도 무해하다고 설명한다. 전자파 문제도 걱정할 필요는 없어 보인다. 올비는 저전력 블루투스로 정보를 내보내는데, 블루투스 통신은 3G, LTE, 와이파이로 통신해 미량의 전자파가 발생하기 때문이다. 이 밖에도 올비는 기기 자체에서 발생하는 전자파를 줄이기 위해 아기의 상태를 체크한 데이터 전송 주기를 길게 잡아 1분에 1회씩 전파를 내보내도록 설정해둔다. 아기가 가급적 전자파에 노출되지 않는 환경을 만들고 그 양도 줄이기 위해 노력하고 있는 것이다.

향후 올비의 계획은 이름처럼 '아기에 관한 모든 것'을 연구하는 것이고, 아기의 모든 문제를 IT를 통해 해결하는 것이라고 한다. 아기가 겪는 문제를 모두 알려면 그만큼 많은 양의 데이터 축적 작업이 필요하다. 이를 위해 올비는 자신들의 서비스를 전 세계로 확대하고자 노력하고 있으며, 그 시작은 미국의 대표적인 크라우드 펀딩(Crowd funding)[10] 서비스 제공 사이트 킥스타터(Kickstarter)를 통해 순조롭게 이루어졌다.

2016년 2월 24일 올비가 킥스타터에 제품을 처음 선보였을 당시, 목표 모금액은 1만 5,000달러였다. 그런데 프로젝트를 시작한 지 2주가

---

10 | 크라우드 펀딩은 개인이나 기업, 단체가 제품 개발이나 상품화에 필요한 자금을 공동 모금의 형태로 마련하는 것인데, 최근에는 온라인 크라우드 펀딩 사이트가 등장하면서 자금 문제를 겪던 아이디어가 빛을 발할 수 있게 해주는 새로운 방안으로 각광받고 있다. 이러한 특성 때문에 '온라인 십시일반, 소셜 펀딩'이라고 불리기도 한다. 모금에 참여하는 사람들은 투자자보다는 '후원자(backer)'로 불리며 후원의 대가로 수익보다는 보람, 후원자로서 이름 한 줄 또는 혁신적 상품을 남보다 먼저 구매할 수 있는 기회를 얻는다. 국내에도 텀블벅, 굿펀딩, 인큐젝터 등의 크라우드 펀딩이 비슷한 방식으로 운영되고 있으며 시민단체나 사회운동을 지원하는 소셜펀치와 개미스폰서도 있다.

채 안 되어 모금액은 목표치의 80%를 달성했고 최종적으로 5월 25일에는 총 782명에게서 3만 1,052달러의 자금 후원을 받으며 목표액 대비 207%를 달성했다. 후원자들의 국적은 미국 36%, 한국 15%, 독일 9%, 싱가포르 5%, 영국 5% 순이었고, 이외에도 홍콩, 호주, 캐나다, 중국 등 전 세계에 두루 퍼져 있다.

전 세계인이 공통으로 고민하는 육아 문제를 공략했고 누구나 원하는 서비스를 높은 기술력으로 제공했다는 것이 올비의 성공요인이라고 할 수 있다. 올비는 현재 홈페이지에서 주문이 가능하며 159달러에 판매하고 있다. "생명의 기록을 모아 우리의 미래를 바꾸는 올비"라는 기업의 비전이 현실화될 날이 멀지 않아 보인다.

04

의수(義手)에 대한
다른 생각

:: 오픈 바이오닉스(Open Bionics) ::

오픈 바이오닉스(Open Bionics)는 로봇의수를 만드는 스타트 업이다. '의수'라고 하면 우리는 보통 갈고리 모양이나 마네킹 손 이미지를 떠올린다. 이러한 의수는 일반적으로 재질이 딱딱하고 형태가 고정되며 기능이 매우 제한적이다. 하지만 지난 10여 년간 전자 센서, 로보틱스(robotics) 등 기술 발전에 힘입어 의수도 눈부신 발전을 이루었다. 그래서 요즘의 첨단 로봇의수는 각각의 손가락과 손마디의 움직임을 독립적으로 제어하는 모터 덕분에 다양한 자세를 정확하게 취할 수 있다. 그리고 근육에서 발생하는 전기 신호(근전, 筋電)를 실시간 감지함으로써 사람의 의도를 즉각 포착하여 그에 맞게 움직인다. 충분한 훈련을 거치면 사람 손처럼 섬세한 작업을 수행할 수도 있다.

이 같은 첨단 로봇의수는 절단장애인의 삶의 질을 획기적으로 개선할 수 있지만 가격이 비싸 널리 보급되지 못하고 있다. 예컨대 대표적 업체 행거(Hanger) 사의 제품 아이-림(i-LIMB)은 가격이 5만~7만 달러 수준으로 고급 승용차와 맞먹는다. 절단장애인 대부분이 산업재해, 교통사고 발생 빈도가 높은 개발도상국 출신이라는 점을 고려할 때 최첨단 로봇의수의 혜택을 누릴 수 있는 사람은 극소수일 수밖에 없다.

●

어떻게 하면 저렴한 로봇의수를 만들 수 있을까?

오픈 바이오닉스도 바로 이러한 고민에서 출발했다. 오픈 바이오닉스는 오픈 소스에 의한 소프트웨어 개발, 그리고 3D 프린팅을 활용한 하드웨어 제작을 통해 획기적으로 저렴한 로봇의수를 제작하고자 한다. 로봇의수의 제어 프로그램, 칩셋 회로, 부품 설계도면을 전부 인터넷에 공개함으로써 전 세계 누구나 3D 프린터를 이용해 자체적으로 부품을 제작하고 의수를 조립할 수 있게 한 것이다. 물론 신체에 맞게 사이즈를 조정하거나 원하는 기능을 추가하는 커스터마이징(customizing)도 가능하다. 성능 또한 일상용으로서 부족함이 없다. 아직은 수만 달러에 이르는 고가 의수와는 비교할 수준이 못 되지만, 어느 정도 자유로운 움직임은 가능하다. 그리고 복잡한 구조도 쉽게 구현해낼 수 있는 3D 프린팅의 장점이 십분 발휘된 결과 의수 내부가 벌집 형태로 만들어져 가볍고 튼튼하다.

오픈 바이오닉스의 창업자 겸 CEO 조엘 기버드(Joel Gibbard)는 2011년 영국 플리머스 대학교 재학 중 졸업 작품으로 로봇의수를 처음 제작하였다. 비록 기능은 제한적이었지만 원가가 260파운드에 불과했다. 이를 계기로 조엘 기버드는 낮은 가격의 고성능 로봇의수를 제작해 모든 절단장애인에게 보급하고 싶다는 꿈을 품게 되었다. 2013년 3월 1,000달러(약 630파운드)로 제작할 수 있는 근전의수 개발을 목표로 오픈 핸드 프로젝트(Open Hand Project)를 론칭한 그는, 크라우드 펀딩 플랫폼 인디고고(Indiegogo)를 통해 4만 4,000파운드의 초기 자금을 확보했다. 그리고 2014년에는 본격적으로 스타트업 오픈 바이오닉스를 설립하게 된다. 현재 오픈 바이오닉스 홈페이지에서 직접 판매 중인 로봇의수의 가격은 569파운드 수준으로 과거 자신의 약속을 어느 정도 실현한 셈이다. 설계도면을 무료로 다운받아 자체 제작하면 100달러 정도의 비용이 든다고 한다.

오픈 바이오닉스처럼 3D 프린팅 기술을 이용해 저가 로봇의수를 제작하는 스타트업은 전 세계에 여러 업체가 산재해 있다. 하지만 그 중 세간의 주목을 가장 많이 받는 곳은 단연 오픈 바이오닉스다. 2014년 영국 절단장애인협회(Limbless Association)에 의해 '올해의 의수 혁신(Prosthetic Innovation of the Year)' 부문에 선정되었고, 2015년 영국의 '제임스 다이슨 어워드(James Dyson Award)'를 수상했으며, 2017년 2월에는 두바이에서 'UAE 로보틱스 포 굿 어워드(UAE Robotics for Good Awards)' 수상과 함께 100만 달러에 달하는 거액의 상금도 받았다. 오픈 바이오닉스가 이렇듯 독보적 인기를 누리는 비결은 무엇일까?
그 해답은 그들이 장애인의 자신감 회복을 위해 남다른 노력을 기울이
고 있는 데서 찾을 수 있다.

●
오픈 바이오닉스의 역발상: "의수도 우아하고 멋질 수 있다!"
절단장애인이 겪는 육체적 고통과 일상생활에서 느끼는 불편함은 두
말할 나위 없이 크겠지만 사실 그들을 더 불편하게 만드는 것은 주변
사람들의 시선이다. 사람들의 눈에 쉽게 띄는 장애를 갖고 있다 보니
다른 사람들의 시선이 항상 신경 쓰이기 마련이다. 그 때문에 고가 의
수들은 실리콘 등 고급 재질을 사용해 가능한 한 실제 손과 비슷하게
만들거나 피부색 장갑으로 금속 골격을 가린다. 그러나 아무리 잘 만
든다 해도 색이나 질감에서 사람 손과 차이가 날 수밖에 없고 감추려
할수록 사용자의 마음은 더 위축될 수 있다.

　그래서 오픈 바이오닉스는 역발상을 시도했다. 즉 '의수'가 더 잘 드
러나게 만든 것이다. 다만 더 우아한 디자인과 차별화된 기능을 적용
해 의수를 멋스러운 패션 아이템으로 승화시켰다. 대표적인 예로 2015
년 10월 〈스타워즈〉, 〈아이언맨〉, 〈겨울왕국〉 등 디즈니 캐릭터 테마[11]를
적용한 어린이용 의수 3종을 발표한 일을 들 수 있다. 어린이용 의수는

---

11 | 2015년 디즈니의 스타트업 지원 프로그램 '2015 디즈니 액셀러레이터(Disney Accelerator)'에 선정
　　되어 디즈니 캐릭터를 무상으로 사용할 수 있게 되었다.

▌ 영화 속 주인공을 테마로 적용한 어린이용 의수. (오픈 바이오닉스 홈페이지 〈https://www.openbionics.com/〉)

사실 소외되기 쉬운 시장이다. 아이 성장에 맞춰 의수를 매년 교체해 주는 것은 평범한 가정의 부모 입장에서는 경제적으로 아무래도 부담이 되다 보니 임시방편으로 저가의 조악한 제품을 구매할 수밖에 없고, 그 때문에 아이들은 사용이 불편한 의수 착용을 거부하고 재활 프로그램 참여를 꺼리게 된다. 오픈 바이오닉스의 디즈니 테마 의수는 이러한 문제를 한방에 해결했다. 아이로 하여금 영화 속 주인공이 된 느낌으로 자신감을 갖고 적극적으로 의수를 착용하게 만든 것이다. 부모 입장에서도 500달러 정도의 가격이라 큰 부담 없이 정기적으로 교체해 줄 수 있다.

오픈 바이오닉스는 디즈니 테마 외에도 SF(Sci-Fi) 게임, 영화의 모티브를 제품에 주입하는 프로젝트도 진행하고 있다. SF 세계에서는 자연적인 팔이나 손 대신 더 강력한 '바이오닉 암(bionic arm)'을 장착한 영웅 캐릭터가 많다. 영화 〈어벤져스〉에 등장하는 윈터 솔저, 게임 〈메탈 기어 솔리드〉의 빅보스, 게임 〈데우스 엑스(Deus EX)〉의 애덤 젠센(Adam Jensen) 등이 그런 경우인데 이들이 착용한 바이오닉 암은 영웅 캐릭터의 초인적 힘과 능력의 원천이다.

오픈 바이오닉스는 2016년 3월 〈메탈 기어 솔리드〉의 제작사 일본 코나미(Konami)의 후원을 받아 교통사고로 팔을 잃은 영국 청년 제임스 영(James Young)을 위해 로봇팔을 제작해주었는데, 근전에 의해 제어되는 첨단 기술과 함께 세련된 디자인이 적용되었으며 다양한 편의 기능도 탑재되었다.[12] 스마트폰 충전이 가능하고 시계, 플래시, 심지어 휴대용 드론까지 장착되어 있다. 제임스 영이 이 팔을 착용하고 광장에 나가자 사람들의 반응은 더는 "안타깝네요(I'm sorry for you)"가 아니었다. 오히려 "멋진데(It's cool~)"였다. 최근에는 〈데우스 엑스〉 제작사 에이도스-몬트리올(Eidos-Montreal)과 협력하여 〈데우스 엑스〉 테마 의수 2종을 제작하고 있다. 2016년 6월 세계 최대 게임 박람회 E3에서 폭발적 인기를 누린 이 제품은 2017년부터 시판될 예정이며, 디자인과 설계도는 물론 오픈 소스로 공개된다.

2017년 1월 오픈 바이오닉스는 영국 잉글랜드 지역 내의 국민보건서비스 NHS(National Health Service)가 운영하는 SBRI(Small Business

---

12 | 〈https://www.openbionics.com/blog/open-bionics-and-metal-gear-solid〉.

Research Initiative) 헬스케어[13]에 선정되어 보건산학협력단(Academic Health Science Network)의 지원을 받을 수 있게 되었다. 오픈 바이오닉스가 지향하는 초저가 로봇의수가 널리 보급되면 NHS는 매년 수백만 파운드의 비용을 절감할 수 있을 것으로 기대된다. 더불어 오픈 바이오닉스의 도전 또한 계속될 것이다.

13 | SBRI 헬스케어는 미충족 의료수요 해결을 위한 혁신 제품 개발안을 민간에서 조달하는 이니셔티브이다.

"교통사고의 80% 이상은
운전자 부주의나 실수, 운전 미숙에서 비롯"

05

운전자 부주의로 인한
사고 방지하기

:: 브레인포카즈(Brain4Cars) ::

교통사고가 일어나는 가장 큰 원인은 무엇일까? 과속, 음주운전, 신호위반 등 운전자가 교통법규를 위반해 발생하는 사고가 맨 먼저 떠오를 것이다. 하지만 교통사고의 80% 이상은 운전자의 부주의나 실수, 운전 미숙에서 비롯된다.[14] 전화 통화, 문자메시지 전송, 음식물 섭취 등 운전자가 운전 중에 무심코 하는 행동들 때문에 주의가 흐트러져 사고를 내는 경우가 많다는 것이다. 더욱이 도로가 복잡해지고 각종 스마트 기기의 차내 사용이 증가하고 있어 운전자의 주의력은 더욱 분산되고 있으며 사고 위험도 날로 증가하고 있다. 이런 위험성을

---

14 | 미국 도로교통안전국(NHTSA; National Highway Traffic Safety Authority Administration)과 버지니아 공대 교통연구소(Virginia Tech Transportation Institute)의 공동 연구 결과(〈https://seriousaccidents.com/legal-advice/top-causes-of-car-accidents/driver-distractions/〉).

고려하여 자율주행 자동차에 대한 관심 또한 커지는 추세이지만 사물 인식 오류나 운전자와 보행자 중 누구를 더 보호해야 하는가를 둘러싼 선택의 문제 등 완전히 해결되지 않은 문제들이 산적해 있어 아직은 시기상조라는 목소리가 높다. 따라서 자율주행 자동차로 가는 전 단계로서, 다양한 감지 센서와 자동 제어 장치 등으로 운전자를 보조하면서 안전운전을 위한 다양한 기능을 제공하는 '첨단 운전자 지원 시스템(ADAS; Advanced Driver Assistance System)'[15]이 주목받고 있다.

예를 들면, 안전한 자동차를 생산하기로 유명한 볼보(Volvo)는 자체 개발한 안전운전 지원 시스템인 '인텔리세이프(Intellisafe)'를 장착한 자동차 모델을 늘려가고 있다. 이 시스템은 안전 속도와 차간 거리를 유지하는 자동 속도조절 장치(cruise control), 65킬로미터 이상 속도로 주행 시 차선과 조향 장치(steering)[16]의 움직임, 주행 궤도 등을 모니터링해 일반적인 운전 방식에서 벗어날 경우 그 움직임을 파악하고 경고하는 드라이버 경보 컨트롤 등 10가지의 안전운전 기능을 지원한다. 자동차의 앞쪽 공기 흡입구(front grille)에 내장된 레이더와 앞유리에 장착된 디지털 카메라로 보행자나 자전거를 탄 사람을 사전에 감지

---

15 | 이 시스템에는 앞차와 일정 거리를 유지하는 적응형 순항 제어 시스템(ASCC; Advanced Smart Cruise Control), 졸음운전이나 운전 미숙으로 인한 차선 이탈 시 운전자에게 경고하고 자동으로 차선을 유지해주는 핸들 자동 조향 시스템(LDWS; Lane Departure Warning System, LKAS; Lane Keeping Assist System), 장애물과의 충돌을 막아주는 자동 긴급제동 시스템(AEB; Autonomous Emergency Brake)까지 매우 다양한 기능이 있다.

16 | 조향 핸들을 회전시켜 주행 방향을 임의로 바꾸는 장치로 조향 핸들, 조향 축, 조향 기어, 조향 링 케이지 등으로 구성되어 있다.

해 충돌을 예방하는 기능도 포함되어 있다.

인텔리세이프 같은 ADAS는 운전자 편의와 안전을 위한 기술을 총칭하며 운전자에게 안전운전 정보를 제공하고 위험 발생 시 경고하며 차량의 부분적 제어 등을 통해 안전성 확보와 편리성을 제공하는 것을 목적으로 한다. 즉, 자동차 스스로 주변 환경을 인식하고 해석하여 이를 운전자에게 미리 알려주는 것이 이러한 시스템의 핵심이다. 하지만 현재 서비스가 가능한 시스템들은 대개 차량 외부 상황만 감지한다. 그래서 운전자의 주의가 흐트러진 상황이나 졸음운전 등 운전자로 인해 사고가 발생한다거나 위험에 대한 대처가 어려운 경우를 감지하는 것은 불가능하다. 그런데 외부의 위험 상황이나 이상 요소가 감지되지 않는 경우에는 제동 장치도 작동하지 않기 때문에 운전자 부주의로 인한 사고를 방지하는 데도 한계가 있다.

●

운전자의 시선까지 모니터링하다

현재 제공되고 있는 안전운전 지원 시스템의 한계를 극복하기 위해 진행 중인 프로젝트가 있다. 바로 인공지능 사고예방 프로젝트, '브레인포카즈(Brain4Cars)'이다. 브레인포카즈는 코넬 대학과 스탠퍼드 대학 연구팀과 스마트 홈 관련 기술 기업인 브레인 오브 씽즈(Brain Of Things Inc.) 연구원이 함께 진행 중인 프로젝트 명칭이자 시스템 자체를 가리키는 말이기도 하다. 이 시스템은 수많은 센서와 머신러닝

(machine learning)[17] 알고리즘으로 구성되어 있으며 기존의 운전자 안전 시스템과 달리 차량 내부에서 관찰되는 운전자의 상태에 대한 데이터를 실시간으로 수집하고 이를 인공지능으로 분석해 개별 운전자의 다음 행동을 '예측'한다. 여기에 차량에 부착된 다양한 센서가 수집하는 외부 상황 데이터를 결합해 사고 위험성을 종합적으로 판단한다. 만약 위험이 예측될 경우 운전자의 위험성 있는 행위에 대해 경고하여 사고를 미연에 방지하는 것이 브레인포카즈 시스템의 핵심이다.

브레인포카즈 시스템은 차량 내부에 카메라, 촉각 센서, 웨어러블 디바이스 등 다양한 감지 도구를 통해 운전자의 얼굴 표정이나 시선, 눈 상태(감았는지 떴는지) 등을 감지하며 동시에 운전 행태를 모니터링하고 학습한다. 또한 외부 카메라로 외부의 상황을 수집하며 그때그때의 운전자의 선택이 도로에서 벌어지는 상황과 관련해 과연 안전하고 적합한지를 판단한다. 만약 위험이 발생할 가능성이 있을 경우 운전자에게 미리 알려준다.

브레인포카즈가 센서 및 카메라로 수집하는 수많은 데이터를 분석하고 학습하며 미래를 예측하는 능력은 순차적 데이터 학습에 사용되는 순환형 신경망(Recurrent Neural Networks) 구조에 기반하고 있다. 쉽게 설명하자면, 이 신경망은 과거 데이터에 대해 어렴풋이 기억하는

---

17 | 인공지능의 한 분야로, 컴퓨터가 경험적 데이터를 기반으로 스스로 학습과 예측을 수행하며 성능을 향상시키고 예측력을 높이도록 하는 시스템과 이를 위한 알고리즘을 구축하는 기술 및 기법을 의미한다. 결과적으로 인간의 학습능력과 같은 기능을 컴퓨터에서 구현하는 것이 목적이다.

▌ 브레인포카즈의 운전자 행동 예상 알고리슴. 차량 내부의 카메라로 운전자의 시선을 감지 및 분석하여 몇 초 뒤 운전자의 행동을 예측한다. 위 사진에서는 운전자가 몇 초 뒤 좌회전을 할 가능성이 70%, 직진 가능성이 20%, 우회전을 할 가능성이 10%라고 예측하고 있다. (브레인포카즈 홈페이지 〈http://brain4cars.com/〉)

기능을 갖고 있으며, 그렇기 때문에 새로운 데이터를 처리할 때 과거의 기억을 사용할 수 있다. 또한 현재 시점에서 발생한 오류(error)를 과거 시점으로 전달해서 학습할 수 있기 때문에 데이터가 축적되고 시간이 흐를수록 더욱 똑똑해지는 시스템을 구축할 수 있게 된다. 브레인포카즈 연구팀은 시스템 개발을 위해 다양한 운전자들이 1,180마일을 주행하는 동안 수집된 데이터를 활용했다. 현재 브레인포카즈 시스템은 3.5초 후에 벌어질 상황을 90.5% 정확도로 예측한다고 한다.[18] 마

18 | 브레인포카즈 홈페이지 〈http://brain4cars.com/〉.

브레인포카즈 시스템의 작동 과정

운전자 행동 예측 모델에는 차량 외부 데이터, 운전자 상태, 차량 내부
상황 등이 변수로 포함되며 이로부터 왼쪽 차선 변경, 오른쪽 차선 변경,
좌회전, 우회전, 직진 등의 다음 행동이 예측된다.

1. 다양한 운전자로부터 운전 데이터 수집

2. 카메라, GPS, 센서 등 다양한 소스로부터 맥락 데이터 추출

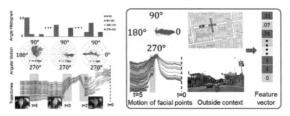

3. 추출된 맥락 데이터를 입력해 일반모델화하고 운전자의 몇 초 뒤 행
동을 예측하며 그 예측 결과를 ADAS로 전달

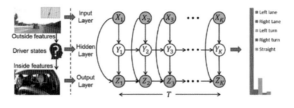

▌ 브레인포카즈 홈페이지 〈http://brain4Cars.com/〉.

치 영화에나 나올 법한 이야기 같지만 브레인포카즈 연구팀은 다수의
연구 결과[19]를 통해 시스템의 예측력을 증명하고 있다.

브레인포카즈의 데이터베이스에 수집되는 데이터는 안전운전을 돕
기 위해 시스템을 학습시키는 중요한 역할을 하지만 이 외에도 운전과
관련된 다양한 서비스에 활용될 수 있다. 예를 들어, 차량의 상태를 실
시간으로 파악하고 있다가 타이어에 펑크가 나거나 자동차 정비가 필
요한 상황이 발생하면 경고 메시지와 함께 이동 경로상에 있는 가장 가
까운 정비 센터를 안내하는 서비스도 가능해진다.

●
다양하게 활용되고 있는 운전자 데이터

국내에서도 이미 스마트폰을 통해 수집된 운전자의 운전 습관 데이
터로 다양한 서비스를 제공하는 기업들도 있다. SK텔레콤은 보험사
와 제휴하고 내비게이션 연계 보험 상품 서비스인 'smarT-UBI 안전운
전 특약'을 위한 데이터를 제공하고 있다. SK텔레콤은 T-맵을 사용하
는 운전자의 급브레이크, 급가속, 급회전 등 운전 습관과 관련된 데이
터를 스마트폰으로 수집한다. 이 데이터들은 고객의 동의하에 보험사
에 제공되고 운전자가 얼마나 차량을 안전하게 주행하는지 판단하는
기준이 된다. 그리하여 운전자가 보험 계약에 명시된 안전운전 조건을

---

19 | Jain, A. et al. (2015). "Structural-RNN: Deep learning on spatio-temporal graphs". Tech Report (Under Review).

■ 운전습관 관찰 앱: 셀루드라이브(왼쪽)와 드라이브와이즐리(오른쪽). 셀루드라이브는 급가속, 급정지 등 운전자의 운전 습관을 데이터화하여 분석 보고서를 보내주며, 드라이브와이즐리는 여기서 한 발 더 나아가 운전 습관 개선 방안을 조언하며 바뀐 습관으로 연비가 어느 정도 좋아지는지 등을 수치화하여 알려준다 〈https://angel.co/celludrive〉; 〈http://tech.co/drive-safely-drive-smartly-drivewise-ly-2013-04〉.

만족시키면 보험료를 환급받는다.

　스마트폰으로 수집되는 운전자 데이터를 활용한 서비스를 제공하는 스타트업도 있다. 미국의 스타트업 셀루드라이브(CelluDrive)와 드라이브와이즐리(Drivewisely)는 운전 습관 관찰 앱 서비스를 제공하고 있다. 두 기업은 차량에 별도의 기기 설치 없이 스마트폰만으로 운전자의 운전 속도, 급가속, 급정지, 급회전 등 운전 습관을 관찰한 뒤 분석 결과를 제공한다. 이 앱들은 연료를 절감할 수 있는 최적 상태의 운전 습관 등을 알려줌으로써 서비스의 실용성을 높이고 있다.

　향후 차량 내부에서 인터넷 서비스나 모바일 서비스를 즐길 수 있는 커넥티드카가 더욱 활발히 보급되고 자율주행차가 대중화되려면 브레인포카즈와 같이 차량 내외부 상황을 모두 감지하고, 수집한 방대한 데이터를 학습해 의사결정을 할 수 있는 인공지능 시스템의 역할이 핵심적이다. 기본적 안전 보장뿐만 아니라 운전자에 대한 다양하고 풍부한 데이터로 더 많은 서비스와 연결될 수 있어야 하기 때문이다. 브레인포카즈와 같은 고도의 기술력을 보유한 스타트업들이 계속 등장해 교통사고에 대한 걱정 없이 차량 내에서 필요한 통화를 하고 음악 감상도 하는 등 더욱 즐거운 드라이빙이 가능한 시대가 앞당겨지기를 기대해본다.

"공기 오염으로 인한 전 세계 사망자가

한 해 700만 명… 이 중 절반 이상이

실내 공기 오염으로 사망"

06

실내 공기 상태를
실시간으로 진단하다

:: 비트파인더(Bitfinder) ::

석탄, 석유와 같은 화석연료와 자동차 배기가스, 산업용 열공급 시설 등은 일산화탄소, 탄화수소, 질소산화물 같은 물질을 배출해 대기 오염의 주범으로 지목되어왔다. 또한 최근 입자의 크기가 10마이크로미터 이하인 미세먼지의 위험성이 대두되면서 세계 각국이 저감 대책을 모색 중이다.

실외 대기 오염뿐 아니라 실내 공기 오염도 인간의 건강을 위협하고 있다. 2016년 5월 26일 유엔 산하 환경 전문 기구인 유엔환경계획(UNEP)이 유엔환경총회(UNEA)에서 발표한 보고서에 따르면, 공기 오염으로 인한 전 세계 사망자가 한 해 700만 명이며 그중 430만 명이 실내 공기 오염으로 인해 사망에 이르렀다고 밝히고 있다. 이에 따라 전 세계적으로 공기청정기 판매량도 급증하고 있다. 글로벌 리서치 기관인 테크사이(TechSci)에 따르면 2021년에는 세계 공기청정기 시장 규모가 590억 달러에 달할 것으로 전망되고 있다.

●
스마트 공기측정 기기를 출시한 스타트업 '비트파인더'

이러한 시점에 실내 공기 질의 중요성을 깨닫고 집이나 건물 내 공기 상태를 진단하고 개선책을 알려주는 스마트 공기측정 기기를 출시한 스타트업이 있다. 바로 2013년 11월 실리콘밸리에서 출발한 비트파인더(Bitfinder)이다. 비트파인더의 공기측정 솔루션 '어웨어(Awair)'는 온도, 습도, 이산화탄소, 휘발성 유기화합물, 미세먼지 등 실내 공기 질에 결정적 영향을 미치는 5가지 항목을 측정해 종합적으로 분석해준다. 분석 결과는 최저 수준인 0에서 최고 상태인 100 사이의 점수인 '어웨어 스코어'로 계산되고, 동시에 빨간 점, 노란 점, 초록 점으로도 표현된다. 가장 좋은 상태는 빨간 점과 노란 점이 없고 초록 점만 있을 때이다. 또한 와이파이(Wi-Fi)와 블루투스를 통해 스마트폰과 연동되고 전용 앱으로 알레르기, 숙면, 집중력 등 사용자가 설정한 관심사에 맞게 공기 질 개선 팁을 알려준다. 예를 들어, 실내 공기 정화를 위해 방문과 창문을 열어 환기를 시키라고 한다거나 책상에 가습 효과가 뛰어난 식물을 길러보라는 등 생활 습관을 바꾸어 건강을 유지할 수 있도록 텍스트와 카드 이미지 형태로 제안한다.

어웨어의 제품력은 공기 질을 얼마나 정확히 측정하느냐에 달렸을 것

▌ 비트파인더 사의 스마트 공기측정 기기 '어웨어'. (어웨어 홈페이지 〈https://getawair.com/〉)

이다. 비트파인더는 어웨어 내부에 측정 지표별 전용 센서를 탑재하였는데 공기가 쉽게 드나들 수 있는 위치에 배열하였다고 소개하고 있다. 또한 측정의 정확도를 높이기 위해 생산 공정에서 센서에 대한 추가 보정 작업도 거친다고 한다. 그런 한편, 어웨어는 생활공간에 자연스럽게 스며들 수 있는 감성적이면서 환경 친화적인 디자인을 구현하고 있다. 가로 16센티미터 세로 9센티미터 크기로, 마치 작은 스피커 라디오처럼 생긴 어웨어는 외장재로 북미산 고급 호두나무 원목을 사용했으며 인체에 유해한 접착제 사용이나 우레탄 코팅, 착색 등은 하지 않는다고 한다.[20]

---

20 | 어웨어 홈페이지 〈https://getawair.com/〉.

어웨어의 가장 큰 특징은 개인화된 맞춤형 정보를 제공하고자 한다는 점이다. 이는 구글이 2014년 1월 32억 달러를 주고 인수한 네스트(Nest)의 주력 제품인 자동온도조절장치의 목적과 매우 흡사하다. 비트파인더는 향후, 묘사적 정보(무슨 일이 일어났는가?), 진단적 정보(그일이 일어난 이유는 무엇인가?)와 함께 예측적 정보(무슨 일이 일어날 것인가?)와 해결적 정보(어떻게 해야 하는가?)까지 제공할 예정이라고 밝히고 있다.[21]

또한 온도계, 스마트 워치, 선풍기 등의 가전제품과 연결하는 '어웨어 커넥트'를 준비 중인데, 이것이 각종 스마트 홈 제품들을 구동하는 플랫폼 역할을 수행할 것으로 기대된다. 이 외에도 인텔의 마이크로프로세서(CPU)가 컴퓨터 안에 들어 있음을 소비자들에게 인식시킨 '인텔 인사이드'에서 착안해 어웨어를 칩 형태로 공기 관련 기기 제품에 탑재할 수 있는 '어웨어 인사이드'도 계획 중이다.

종합하면, 비트파인더는 어웨어를 단순한 하드웨어 제품이 아닌, 언제 어디서나 다양한 형태로 실내 공기 상태를 진단하고 맞춤형 해결책을 제시하는 '솔루션'으로 포지셔닝하고 있는 것이다.

---

21 | 비트파인더 홈페이지 〈http://staging.bitfinder.co/kr/tech.html/〉.

일하고 쉬고 생활하는 모든 공간을 더 건강하게!

비트파인더는 두 명의 한국인이 창업하였다. 현재 대표를 맡고 있는 노범준 씨는 보잉, 시스코 등 글로벌 기업에서 엔지니어로 경력을 쌓았고 창업투자회사에서도 2년간 근무한 경험이 있다. 공동 창업자이자 CTO인 케빈 조 역시 유능한 엔지니어로서 듀퐁에서 엔지니어링 팀장까지 지낸 바 있다. 사실, 두 창업자의 아이들은 습진과 천식으로 매우 고생을 했다고 한다. 여러 방법으로 치료를 시도했지만 효과를 보지 못했고, 이에 두 사람은 오픈 소스 전자 제품과 센서를 이용해 직접 아이들 방의 공기 상태를 점검할 수 있는 기기를 제작해보았다. 결과적으로 열악한 실내 공기 상태가 아이들이 겪는 질환의 원인임을 확인할 수 있었고, 제대로 된 제품을 개발해보자는 목표로 어웨어 프로젝트가 시작되었다.

어웨어의 기술력과 성장 잠재력은 창업 초기부터 업계에서 인정을 받았다. 제품이 만들어지기 전인 2014년 6월 작업 영상과 사업 계획서만 가지고 KBS의 창업 오디션 프로그램인 〈천지창조〉에 참여해 8강에 올랐고, 〈테크스타스(TechStars)〉라는 세계적 스타트업 지원 프로그램의 요청으로 한국계 최초로 액셀러레이팅 과정에도 참여하였다. 이후 2015년 6월에는 《월 스트리트 저널》의 유명 기자 월트 모스버그(Walt Mossberg)와 카라 스위셔(Kara Swisher)가 만든 디지털 전문 매체인 '리코드(Re/code)' 주최의 '코드 콘퍼런스(Code Conference) 2015'

에 초청되어 어웨어를 소개할 기회를 갖기도 했다. 2016년에는 일본의 벤처캐피털 글로벌 브레인, 한국의 퓨처플레이와 케이큐브벤처스 등 다수의 투자자로부터 총 450만 달러 규모의 투자 유치에도 성공했다.

어웨어는 2015년 11월 말부터 북미 지역에서 판매를 시작하였고 2016년 2월 전문 유통처와 협력해 한국에서도 정식 출시되었다. 2016년 3/4분기부터 기업들을 상대로 매달 수수료를 받는 '서브스크립션 모델' 도입도 계획 중이라고 한다. 노범준 대표는 국내 언론과의 인터뷰에서 2016년 어웨어 판매 목표를 5만~10만 대라고 밝혔으며 "세계에 있는 빌딩이 어웨어의 판매 타깃"이며 "시장성이 무궁무진하다"라고 자신하고 있다.[22]

한편 비트파인더는 타 기업 제품과의 연동 계획도 활발히 실행에 옮기고 있다. 2016년 3월에는 집안 청소 서비스 앱인 '홈 마스터'와 전략적 제휴를 맺었으며, 홈페이지에 어웨어 플러스(Awair+) 메뉴를 별도로 두고 구글 네스트, 아마존 에코(Echo)와의 연계 서비스를 소개하고 있다. 예를 들어, 이산화탄소 수치가 너무 높아지면 어웨어가 스마트 홈 허브 구실을 하는 네스트에 알려주어 환풍기를 자동으로 켜는 방식이다. 비트파인더는 앞으로도 어웨어 플러스를 다양한 기기와 연결하여 사물인터넷(IoT; Internet of Things) 허브 기기로서의 가능성을 적극 타진할 계획이다.

---

22 "[창조가 & 혁신가 노범준 비트파인더 대표] 美 IT업계 '구루'도 우리 제품에 반했죠" (2016. 3. 14). 《중앙시사매거진》.

비트파인더는 사람들이 주변 환경을 더 잘 이해할 수 있도록, 그리고 더 건강한 삶을 살 수 있도록 돕는 것을 회사의 미션이라고 밝히고 있다. 일하고 쉬고 생활하는 모든 공간을 더 건강하게 만들겠다는 것인데, 이를 실현하기 위해 비트파인더는 어웨어뿐 아니라 차세대 센서 기술과 사용자 경험에 기반한 새로운 제품을 다양하게 준비하고 있다고 한다. 머지않아 비트파인더의 제품들이 구글과 아마존 등 글로벌 기업의 스마트 홈 기기, 삼성전자, 하이얼 등 가전업체들의 생활가전 기기와 연결되어 음성 명령을 통해 실내 공기 상태를 실시간으로 확인하거나, 공기청정기나 가습기가 자동으로 작동되는 모습도 기대해볼 수 있을 것 같다.

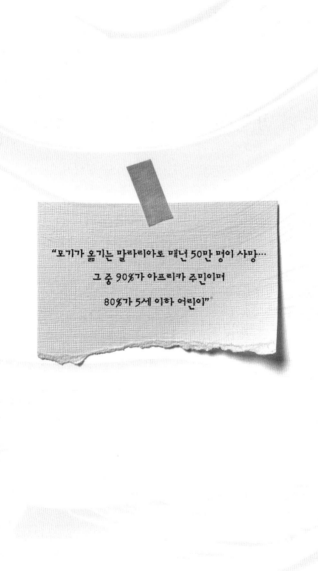

07

보건 인프라가 열악한
개발도상국을 위한 솔루션

:: **셀스코프**(Cellscope) ::

전 세계적으로 지속 가능한 보건의료 발전을 위해서 세계보건
기구(WHO)는 보편적 의료보장을 권고하며 인류의 건강 수준 향상을
도모하고 있다. 여기서 언급하는 보편적 의료보장에는 서비스, 기술,
정보 접근, 질적으로 인정된 의료 인력 등이 모두 포함된다. 현재, 선진
국에서는 이러한 노력들이 어느 정도 가시적인 성과로 나타나고 있지
만, 개발도상국에서는 재원 및 의료 인프라 부족 등의 이유로 보편적
의료보장이 어려운 실정이다. 하지만 모바일 헬스케어 기술 혁신을 통
해 시공간을 초월한 저렴한 의료 서비스 제공이 가능해지면서 이러한
장애 요인도 극복될 수 있을 것으로 보인다.

---

* | "[이덕환의 과학세상] (532) 기생충 질병" (2015. 10. 16). 《디지털 타임스》.

예방, 진단, 치료, 사후 관리로 이어지는 전통적 의료의 밸류 체인 상에서 현재 모바일 헬스케어가 가장 활발하게 적용되는 분야는 예방 영역이다. 이는 헬스 패러다임의 변화와 현재의 기술 수준 및 각국의 복잡한 의료 영역의 규제 등을 반영한 현상이라 볼 수 있다. 모바일 예방 영역은 일상적 건강관리와 질환 및 사고 방지를 위한 피트니스, 모니터링, 유해물질 측정 등으로 세분화된다. 여기서 모바일 피트니스는 사용자의 활동량을 추적하는 액티비티 트래커(Activity Tracker) 등을 이용한 건강관리를 지칭하고, 모니터링은 고령자 등을 대상으로 움직임과 생체 데이터를 상시 측정하여 이상 상황 발생 시 빠르게 조치를 취하는 것을 말한다.

한편, 그동안 모바일 헬스케어의 영역으로 잘 언급되지 않았던 것이 유해물질 측정 분야인데, 이는 모바일 센싱 기술의 부족 등으로 모바일 피트니스 등 타 분야에 비해 다양한 상품 출시에 한계가 있었기 때문이다. 모바일 유해물질 측정은 식품 혹은 대기의 오염 및 변질을 실시간으로 파악하여 대처 가능하도록 하는 디바이스 및 서비스를 의미하는데, 모바일 기기에 부착된 앱세서리(Appcessory) 또는 내장 센서가 데이터를 블루투스로 스마트폰에 적용하는 방식 등을 활용한다. 액티비티 트래커 등 모바일 헬스케어 분야에 속하는 제품 대부분이 자신의 생체 데이터를 바탕으로 건강을 체크하는 데 초점을 두는 반면, 유해물질 측정 기기는 주변 환경에 초점을 둔다는 것이 차별점이다. 사실 인류는 '오감'을 통해 주위의 위협을 스스로 감지해왔지만, 최근에는 환경오염과 신종 질병의 등장 등으로 인해 좀 더 정교한 유해물질 측정 기술이 필요하게 되었다. 이러한 추세에 따라 개발된 대표적인 모바일 유해물질 측정 기기가 바로 셀스코프(Cellscope) 사의 '로아(Loa)'이다.

●

기생충 감염을 쉽게 진단할 수 있는 '셀스코프 로아'

셀스코프는 미국 UC 버클리 대학교 바이오공학과 대니얼 플레처(Daniel A. Fletcher) 교수가 이끄는 연구팀이 2015년 학술지 《사이언스》의 자매지인 《사이언스 중개의학》에 스마트폰을 이용한 휴대용 현미경 '셀스코프 로아(CellScope Loa)'에 관해 발표하면서 알려졌다.[23] 사실 이 기술은 기생충 문제가 심각한 아프리카 등 개발도상국의 보건 수준을 향상시키겠다는 따뜻한 동기에서 개발된 것이었다.

전 세계적으로 국가 간 보건 불평등과 소득 차이가 대체로 비례하는 가운데, 보건 인프라가 열악한 개발도상국에서는 기생충, 세균, 바이러스 등에 의한 전염병이 풀어야 할 가장 큰 숙제가 아닐 수 없다. 특히 모기 등에 의해 전파되는 필라리아(사상충)나 말라리아(말라리아 원충) 등 개발도상국에서 흔히 발생하는 전염병은 심할 경우 사망에까지 이르는 치명적 질병이다. 보통은 구충제로 기생충을 없애지만 모든

---

[23] | Fletcher, D. A. et al. (2015. 5. 6). "Point-of-care quantification of blood-borne filarial parasites with a mobile phone microscope", *Science Translational Medicine*. Vol. 7, Issue 286, pp. 286re4.

셀스코프 로아는 스마트폰에 간단한 현미경을 부착하여 혈액 샘플을 분석한다. (UC Berkeley (2015. 5. 6), "How CellScope Loa Works" 〈https://www.youtube.com/watch?v=lyzzg7dTuvY〉)

기생충에 적용 가능하지 않을 수 있고, 일부 기생충 감염 환자에게는 다른 치료법이 필요한 경우도 있다.

스마트폰에 간단한 현미경을 부착하는 방식인 '셀스코프 로아'는 스마트폰 앱으로 작동하는데, 블루투스로 교신하며 혈액 샘플을 분석한다. 검사자의 혈액 샘플을 휴대용 현미경인 셀스코프 로아에 가까이 대면 프로그램이 작동하면서 비디오 화면을 캡처하고 이 과정을 통해 혈액 샘플 속에 있는 기생충의 움직임을 분석하여 개체수를 파악하게 된다. 굳이 혈액 샘플을 채취하지 않더라도 어떤 기생충은 피부 속을 관찰하여 상태를 파악할 수도 있다.

이렇듯 셀스코프 로아는 편리하면서도 거의 실시간으로 결과를 분석할 수 있게 해주기 때문에 편리성과 신속성 측면에서 후진국의 기생충 진단에 크게 기여할 것으로 보인다. 진단의 편리성과 신속성이 향상된다는 것은 큰 의미에서 유헬스(u-Health)를 구현하는 일이며, 자칫 치료시기를 놓쳐 더 큰 질병으로 악화되는 사태를 미연에 방지할 수 있게 되는 것이다. 로아 연구진은 아프리카의 콩고 등 의료 인프라가 부족한 국가를 대상으로 테스트를 실시했으며, 이를 통해 로아가 개발도상국의 의료 수준 향상에 기여할 수 있기를 기대하고 있다.

●

손쉽게 귓속을 들여다볼 수 있는 '셀스코프 오토'

셀스코프 사는 '오토(Oto)'라는 또 다른 모바일 헬스케어 기기를 선보이며 적용 범위를 확장하고 있다. 셀스코프 오토는 귓속 고막의 이상 여부를 검사하는 검이경 역할을 하는 기구인데, 셀스코프 로아처럼 스마트폰에 부착해 사용하면 된다. 소아과를 방문하는 아이들 중 적지 않은 경우가 중이염이나 귀에 이물질이 들어갔기 때문인데, 만약 이런

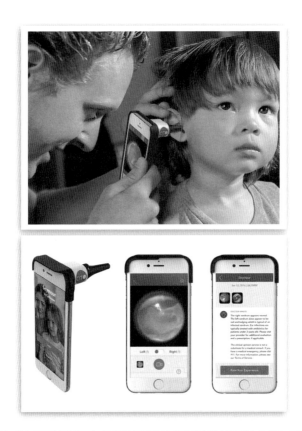

셀스코프의 로아는 스마트폰에 부착하여 쉽게 귓속을 들여다볼 수 있는 검이 경이다. (셀스코프 홈페이지 ⟨https://www.cellscope.com/⟩)

문제를 집에서 손쉽게 진단할 수 있다면 부모나 아이들 모두에게 큰 도움이 될 것이다. 셀스코프 오토를 통해 보호자가 아이의 귓속을 촬영하면 앱에서 미리 지정해둔 소아과 의사에게 영상이 전송되고, 담당 의사는 그 영상을 보고 진단을 내린다. 셀스코프 사는 일반 가정용 버전보다 좀 더 정교한 관찰이 가능하고 고해상도 이미지를 장착한,

의료진을 위한 버전도 선보이는 등 모바일 헬스케어 효과성을 증대시키려는 노력을 경주하고 있다.

셀스코프 사의 기술은 수질 파악, 안(眼)질환 검사 등 다양한 영역에서 활용이 가능해, 향후 휴대성과 확장성을 활용한 다양한 응용 버전이 출시될 것으로 기대된다. 스마트폰 등에 센서를 부착하여 신체 및 주위의 유해물질을 손쉽게 파악하고 대응책을 전달받는, 진정한 의미의 예방적 모바일 헬스케어가 가능하게 되는 것이다.

셀스코프 사의 사례에서 보듯이 앞으로 모바일 디바이스 업체들은 기존의 유해물질 측정 센서를 더욱 소형화하여 모바일 디바이스에 장착할 수 있도록 할 것이다. 이로써 기존에는 전문가나 특정 기기에 의해서만 가능하던 측정 및 검사가 각 개인의 필요에 맞게 보편화될 가능성이 높아졌다. 특히 센싱 기술의 발전으로 스마트폰에 장착된 초소형 앱세서리가 산소 포화도, 심박동, 자외선, 방사능, 공기 오염도 등을 측정함으로써 예방적 건강관리의 상용화가 이루어질 것으로 보인다.

주변 환경 및 신체 내부적으로 필요한 정보의 내용을 파악하고 이에 따라 알맞은 소형 측정 기기를 제작해 소비자들에게 유통하는 셀스코프 같은 기업이 우리나라 벤처업계에도 생겨나길 기대한다.

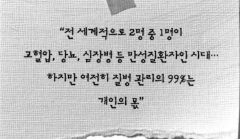

"전 세계적으로 2명 중 1명이

고혈압, 당뇨, 심장병 등 만성질환자인 시대…

하지만 여전히 질병 관리의 99%는

개인의 몫"

08

환자와 의사가 자유롭게 소통하는 플랫폼을 열다

:: 쿠이(Cooey) ::

의료기관을 방문하지 않고 스마트폰이나 태블릿 PC 등을 이용해 개인의 건강을 관리하는 모바일 헬스에 대한 관심이 높아지고 있다. 고령화가 진행되면서 고혈압, 당뇨, 심장병과 같이 꾸준한 관리를 요하는 만성질환 환자가 늘어나고 있고, 동시에 스마트 기기가 보편화되면서 건강관리의 새로운 도구로 부상하고 있기 때문이다. 이러한 추세를 반영해 컨설팅 회사이자 시장 분석 기관인 그랜드 뷰 리서치(Grand View Research)는 전 세계 모바일 헬스 시장이 2013년부터 2020년까지 연평균 48% 성장해 490억 달러에 달할 것이라고 전망하고 있다. 쿠이(Cooey)는 병원 등 오프라인 서비스를 포함해 전체 헬스케어 시장 규모가 800억 달러나 되는 인도에서 출발한 '사물인터넷 기반 헬스케어 플랫폼' 스타트업이다.

사물인터넷을 기반으로 하는 헬스케어 플랫폼

쿠이는 2015년 6월, 현재 CEO를 역임하고 있는 마누 마드후수다난 (Manu Madhusudanan)과 최고운영책임자(COO) T. P. 프라바카란(T. P. Prabhakaran) 두 사람이 설립했다. 마드후수다난은 딸과 어머니가 동시에 폐렴에 걸린 경험을 가지고 있는데, 당시 고혈압이었던 어머니의 혈압이나 맥박, 체온을 종이에 적으며 상태를 확인했다고 한다. 그러면서 정확한 진단을 위해서는 관련 데이터를 수치화해 관리하는 것이 중요함을 깨닫고 프라바카란과 함께 모바일 헬스케어 사업을 구상하게 된다.

쿠이의 목표는 "헬스케어계의 왓츠앱(WhatsApp)"이 되는 것이다. 왓츠앱은 북미 지역을 기반으로 전 세계 180개국에 걸쳐 약 10억 명이 쓰는 메신저 앱이다. 이런 쿠이의 포부에는 전 세계인이 사용하는 보편적 서비스가 되겠다는 의미도 있지만 환자와 의사가 자유롭게 소통하는 플랫폼 역할을 강조한 측면도 있다.

실제 쿠이의 서비스 곳곳에는 소통 관련 기능이 포함되어 있다. 쿠이의 모바일 애플리케이션은 여러 가지 기능으로 구성되어 있는데, 가장 기본적인 기능은 '건강상태 기록 관리'이다. 환자는 정기적으로 혈압, 몸무게 등 자신의 건강상태 정보를 직접 입력하거나 연동되는 스마트 기기로 입력할 수 있으며 시간대에 따라 분석/관리할 수 있다. 또한 저장된 정보를 의사나 주변 사람들과 앱이나 웹으로 공유할 수 있다. 두 번째 핵심 기능은 다른 사람과의 '채팅'이다. 예를 들어 생체 정보 검사 후 문의 사항이 있으면 의사에게 질문을 하고 의사는 웹 포털이나 앱을 통해 답변할 수 있다. 또한 인근의 약국을 검색해 필요 약물 보유 여부를 미리 확인하고 주문을 할 수도 있다. 세 번째 핵심 기능은 '대화형 인공지능'이다. 자판을 치는 것이 익숙하지 않은 노인들을 위해 '마야(Maya)'라는 인공지능 기반 비서를 탑재해 음성으로 애플리케이션을 조작할 수 있도록 지원한다. 의료 서비스 사업자들이 근거리에 있는 가망 고객들에게 최신 의료 정보를 전송할 수도 있고, 수집된 사용자의 상태 정보를 실시간으로 분석해 온라인 리포트로 만드는 기능도 갖추고 있다. 이 외에도 사용자는 건강 관련 퀴즈를 풀거나 최신 건강 정보를 앱 내의 블로그를 통해 접할 수 있으며, 하나의 애플리케이션을 가지고 가족 구성원 전체의 건강 프로필을 관리할 수도 있다.

●

애플리케이션은 무료, 하드웨어로 수익 창출

쿠이는 무료로 애플리케이션을 제공하는 대신 하드웨어를 수익 창출의 수단으로 삼고 있다. 사물인터넷, 다시 말해 사람의 개입 없이 기기들 간에 통신이 이루어지는 새로운 패러다임을 쿠이는 모바일 애플리케이션뿐 아니라 하드웨어 라인업을 직접 갖추어 구현한다. 2016년 7월 인도 최초로 스마트폰과 통신하는 혈당측정기를 출시해 현재까지 혈압계, 체중계와 함께 3종의 하드웨어 제품을 판매하고 있으며, 인도의 아마존닷컴이라 불리는 플립카트(Flipkart)를 유통 채널로 활용하고 있다. 혈압계와 체중계는 모두 블루투스로 스마트폰 등 모바일 기기와 무선 연결되고 혈압계로 심장박동 수 측정도 가능하다. 체중계는 체지방, 근육량, 수분량, 골밀도 수치까지 함께 측정이 가능해 적정한 체중 관리를 위한 종합 정보를 제공한다. 혈당측정기는 주머니에 들어갈 만한 크기로 작고 가벼우며 모바일 기기의 3.5밀리미터 헤드폰 잭에 연결해서 쓴다. 측정 후 10초 이내에 결과가 나오고 곧바로 쿠이의 모바일 애플리케이션으로 전송되어 자동으로 저장·관리된다.

소비자들의 반응도 뜨겁다. 아직은 안드로이드용 애플리케이션만 발표되었음에도 전 세계적으로 9만 건 이상의 다운로드를 기록하였고 미국, 일본, 인도를 포함해 4만 명 이상의 사용자를 확보하고 있다고 쿠이 측은 밝히고 있다. 쿠이의 제품은 개인뿐 아니라 병원 같은 의료 기관에서도 활용이 가능하기 때문에 일반 소비자 시장은 물론 기업용 시장 진출도 고려 중이며, 이미 2015년 인도의 병원 2곳에서 시험 테스트를 진행한 바 있다. 이렇듯 긍정적인 전망 속에 외부 투자자들의 관심도 높아져 애플의 아이폰과 아마존의 킨들 등을 제조하는 것으로 유명한 중국의 폭스콘(Foxconn)은 2015년 7월 인도에 투자 펀드를 운영할 계획을 밝히며 쿠이 사를 직접 찾기도 했다.

공동 창업자 프라바카란은 2015년 11월 한 언론과의 인터뷰에서 애플리케이션에 만보계 기능을 추가하고 있다고 밝혔고 "쿠이의 애플리케이션이 환자가 물을 마셔야 할 시간과 운동 시간을 알려주고, 사

쿠이의 혈당측정기와 체중계. (쿠이 홈페이지 〈http://cooey.co.in/#intro〉)

용자의 위치 정보를 파악해 당뇨에 좋은 음식을 파는 가게를 알려줄 날도 멀지 않았다"라며 지속적인 기능 업그레이드를 예고한 바 있다. 이제 막 모바일 헬스케어 시장에 발을 내디딘 쿠이가 안정적인 애플리케이션 기능과 호환성 높은 하드웨어 기기들을 갖추어나간다면 진정한 모바일 헬스케어 플랫폼으로서 인도를 넘어 세계 시장에서도 급성장을 이어갈 수 있으리라 기대한다.

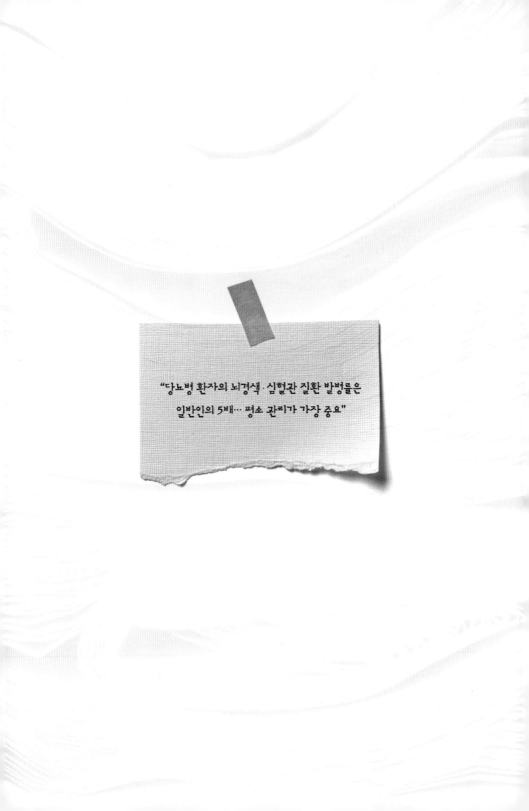

09

모바일 헬스케어의
진짜 힘

:: **마이슈거**(mySugr) ::

2011년 세계경제포럼(WEF)은 하버드 대학 보건연구원과 함께 연구한 〈비전염성 질환으로 인한 세계의 경제적 부담〉이라는 보고서에서 5대 만성질환에 소요되는 경제적 비용이 2030년까지 전 세계적으로 47조 달러에 이를 것이라는 분석 결과를 내놓았다. 정신질환과 심장질환이 각각 16조 3,000억 달러와 14조 6,000억 달러로 전체의 70% 정도를 차지하였고 암이 8조 3,000억 달러, 만성호흡기 질환이 4조 8,000억 달러로 그 뒤를 이었다. 마지막으로 당뇨에 따른 경제적 부담을 1조 8,000억 달러로 책정하였다.

당뇨(Diabetes)는 몸속의 포도당(혈당)이 지나치게 높은 상태인 질환이다. 포도당은 우리 신체 내 세포에 들어가 연료 기능을 한다. 이때 인슐린의 도움을 받는데 바로 이 인슐린이 부족해지면 포도당의 대사에 문제가 생기고, 결국 세포 속에 포도당이 다 들어가지 못하고 소변과 함께 빠져나오게 된다. 음식 섭취량이 많아지거나 소변이 자주 마려운 등의 경미한 증세만 보이거나 특별한 증상이 없는 경우도 많아 무심코 지나칠 수 있지만 철저한 관리가 이루어지지 않으면 관상동맥 질환이나 뇌혈관 질환 같은 합병증을 야기할 수 있는 무서운 병이 바로 당뇨다. 따라서 당뇨병 환자들은 매일 혈당을 주기적으로 측정하면서 식습관을 개선하고 체중 관리를 위해 운동도 병행해야 한다.

●
게임하듯 재미있게 당뇨병을 관리하는 애플리케이션 개발

마이슈거(mySugr)는 이처럼 중요한 당뇨병 관리를 돕는 애플리케이션을 개발한 스타트업이다. 2012년 오스트리아 빈에서 설립되었으며 현재는 약 40명의 직원이 근무하고 있다. 재미있는 사실은 공동 창업자 4명 중 2명이 실제로 당뇨병 환자라는 점이다. 따라서 마이슈거는 당뇨병 환자의 니즈가 무엇인지, 사용자들에게 어떤 경험을 제공해야 하는지 누구보다 잘 알고 있다고 자부한다. 공동 창업자 중 한 사람인 프레드릭 데봉(Fredrik Debong)은 "우리는 제약회사에서 40년 이상의 경험을 쌓은 임원이 아니다. 단지 우리는 자신과 친구들을 위해 실제적인 당뇨병 치료 도구를 만드는 사람들일 뿐이다"라고 밝히기도 했다.

공동 창업자이자 CEO인 프랭크 웨스터만(Frank Westermann)은 종이 공책에 혈당측정치를 수기로 기록하는 기존 방식은 매우 지루하고 번거롭기 때문에 극히 일부 환자들만 이런 방식으로 건강관리를 한다고 주장한다. 반면, 하루에도 몇 번씩 혈당을 측정하고 어떤 음식을 먹는지 체크해야 하는 환자들의 스트레스를 덜어주고자 마이슈거가 택한 전략은 바로 게임과의 접목이다. 마이슈거의 '로그북(Logbook)' 애플리케이션을 실행하면 우선 괴물(Monster) 캐릭터가 등장한다. 여기에서 혈당 수치와 섭취한 탄수화물량, 걸음 수 등을 입력하면 괴물 캐릭터가 이에 반응해 음식 섭취를 줄이라는 등의 메시지를 보낸다. 그리고 환자가 하루 목표치를 달성하면 "괴물이 길들여졌다(Monster is tamed)"라는 메시지가 표시된다. 혈당 수치, 탄수화물량뿐 아니라 약 복용 여부, 운동량, 심리적 상태 등도 입력해서 관리할 수 있으며, 입력할 때마다 각 항목별로 점수를 부여해 사용자가 빠뜨리지 않고

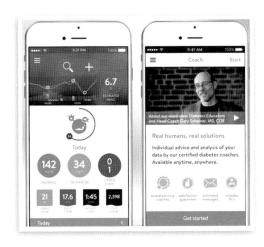

마이슈거가 개발한 당뇨병 관리 애플리케이션 '로그북'. (마이슈거 홈페이지 〈https://mysugr.com/〉)

매일매일 입력하도록 유도한다. 그 외에도 관리 항목을 사용자들이 자신의 상황에 맞게 자유로이 설정할 수 있으며 혈당 수치의 변화를 쉽게 알아볼 수 있도록 그래프로도 제공한다. 또한 일/주/월 단위로 각 항목에 대한 분석 결과를 보여주어 시기별 또는 기간별로 건강관리 상태를 점검할 수 있다.

이 같은 기본 기능은 무료로 제공되지만, 좀 더 기능이 강화된 '마이슈거 프로'를 사용하려면 월 단위 또는 연 단위의 유료 회원(1년 사용료는 39유로)으로 가입해야 한다. 유료 회원은 혈당측정기와의 연동을 통한 측정정보 자동 전송, 병원 제출용 등으로 활용될 수 있는 분석 결과 리포트 출력, 혈당측정 시간 알람 등의 추가 기능을 이용할 수 있다.

●

의료용 앱으로 승인받은 '로그북'

마이슈거의 기술력은 정부와 업계에서도 이미 인정받았다. 로그북 애플리케이션이 미국 식품의약국(FDA)과 유럽연합(EU)으로부터 의료용 앱으로 승인을 받은 것이다. 그뿐만 아니라 애플의 건강관리 애플리케이션 '애플 헬스(Apple Health)'로 혈당측정 데이터를 전송해 통합 관리할 수 있도록 지원하고, 오스트리아의 제약회사 사노피(Sanofi)와 파트너십을 맺어 환자에게 '도전과제(challenge)'를 주고 달성 시 사용료를 면제해주는 인센티브도 제공하고 있다.

이런 다양한 전략으로 사업 유망성을 인정받은 마이슈거는 2014년

3월 엑스엘 캐피털(XL Capital)과 엔젤 투자자로부터 100만 달러를 투자받은 데 이어 1년 후인 2015년 3월에는 세계적인 제약회사 로슈의 기업 투자 펀드인 로슈 벤처스(Roche Ventures)를 포함, 아이시드 펀드 (iSeed Fund), 엑스엘 헬스(XL Health)로부터 480만 달러 투자 유치에 성공했다.[24] 마이슈거 측은 전체 20만 유료 회원(2015년 3월 기준. 현재는 30만 명) 중 약 절반을 차지하는 미국 시장을 더욱 확대하는 데에 투자 자금을 이용할 것이라고 밝혔으며 투자자들은 중국 시장을 비롯한 글로벌 시장으로의 서비스 확대까지 기대하고 있다.

마이슈거는 로그북 애플리케이션 외에 혈당측정기 화면에 나타난 측정 수치를 스캔해 바로 저장할 수 있는 마이슈거 스캐너, 당뇨병 관리 교육 영상 클립을 제공하는 마이슈거 아카데미, 당뇨 관련 퀴즈를 풀 수 있는 마이슈거 퀴즈, 어린이용으로 특화해 만든 마이슈거 주니어 등도 운영하며 서비스를 다각화하고 있다. 마이슈거 측에 따르면 현재 전 세계적으로 100만 명 이상이 마이슈거의 애플리케이션을 다운받아 당뇨병 관리에 활용하고 있고 마이슈거도 미국에 지사를 설립하는 등 외연을 확대해나가고 있다.

한편 마이슈거의 사례는 이 회사의 로그북 같은 애플리케이션이 단순히 질병 관리에 국한되지 않고 의료 행위의 관점을 '발병 후 치료'에서 '발병 전 관리'로 바꾸는 데 기여할 수 있음을 보여준다. 나아가 환

---

24 | "Roche Ventures, iSeed Fund invest $4.8M in diabetes app company mySugr" (2015. 3. 11). mobihealthnews.

자의 실시간 질병 정보를 저장·관리하여 의사의 진료 정확도를 높인
다는 장점도 있다. CEO 프레드릭 데봉도 2015년 3월 온라인 IT 전
문매체인 테크크런치와의 인터뷰에서 이렇게 밝힌 바 있다. "모바일
헬스케어가 가진 가장 큰 힘은 이용자들이 용이하게 의사결정을 할
수 있도록 지원한다는 것이다. 우리 같은 데이터 기반의 서비스와 제
품이 많아져 당뇨병 관리에 활용된다면 의사들은 더 많은 사람들을
효율적으로 진료할 수 있을 것이다."

깨끗한 지구,
더 오래도록 지켜야 할
인류의 의무

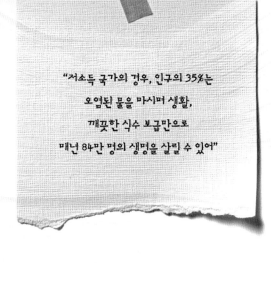

"저소득 국가의 경우, 인구의 35%는
오염된 물을 마시며 생활,
깨끗한 식수 보급만으로
매년 84만 명의 생명을 살릴 수 있어"

01

생명을 구하는
놀라운 책

:: **폴리아 워터**(Folia Water) ::

유엔에 따르면 현재 전 세계에서 8억 명에 가까운 사람들, 즉 인구 아홉 명 중 한 명은 깨끗한 물을 구할 수 없는 환경에서 살아가고 있다고 한다.[1] 이러한 환경에서 유해 박테리아에 오염된 물이나 음료수로 인해 목숨을 잃는 사람만 해도 매년 84만 명에 달해 식수 문제는 심각한 국제적 이슈 중 하나가 되고 있다. 이를 해결하기 위해 많은 국가와 기업들이 노력하고 있지만 비용 등 여러 가지 문제로 인해 깨끗한 물을 마시는 것이 모든 사람이 누릴 수 있는 보편적 권리가 되지 못하고 있는 실정이다.

---

1 | 〈http://www.un.org/en/sections/issues-depth/water/index.html〉.

드링커블 북, '물을 마실 수 있게 해주는 책'

'물'과 '책', 이 2가지 사이에 과연 어떤 연결고리가 있을까? "몇 푼 안 되는 종이지만 수많은 사람에게 식수를 가져다줍니다(Paper for Pennies, Water for Billions)"라는 말로 어렴풋이 그 의미를 짐작해볼 수 있다. 이것은 폴리아 워터(Folia Water) 홈페이지(www.foliawater.com)의 첫 화면에 크게 적혀 있는 문구다. 폴리아 워터는 2016년 초에 설립된 스타트업인데, 바로 물과 책을 연결하여 '드링커블 북(Drinkable Book)'이라는 제품을 만들고 있다. '물을 마실 수 있게 해주는 책'이라는 의미심장한 이름을 가진 이 제품은 어떻게 만들어지게 되었을까?

2008년, 캐나다의 맥길 대학에서 화학자로서 박사 과정을 밟고 있던 테레사 단코비치(Theresa Dankovich)는 개발도상국의 식수 문제를 다룬 세계보건기구(WHO)의 보고서를 접하게 된다. 그녀는 너무나 많

▌ 드링커블 북. (〈https://www.facebook.com/pg/joinwaterislife/〉)

은 사람이 식수를 구할 수 없어 질병과 사망의 위험에 노출되어 있다는 사실에 안타까움을 느껴 이 문제를 해결해보고자 작은 프로젝트를 시작한다. 대규모 정화 시설을 갖추지 못한 개발도상국들을 위한 이 프로젝트의 목적은 사람들이 쉽고 빠르게, 그리고 더 저렴하게 깨끗한 물을 얻을 방법을 고안하는 것이었다.

오랜 기간에 걸친 연구 끝에 테레사 단코비치는 은나노 입자로 코팅한 종이 필터 개발에 성공하게 된다. 실험 결과, 이 종이 필터는 대장균, 콜레라균, 장티푸스균 등 유해 박테리아를 99.9% 제거하는 것으로 나타났다. 하지만 다양한 외부 환경에서도 같은 효과를 보여줄는지 의문이었고 이를 확인하려면 세계 여러 지역에서 다양한 실험을 진행해볼 필요가 있었다.

단코비치 박사는 프로젝트를 지속하기 위해 적극적으로 기회를 만들어갔다. 그리하여 버지니아 대학과 카네기 멜론 대학에서 박사후(Post-doc) 과정을 밟으면서 글로벌 헬스 센터(Center for Global Health) 등의 지원을 받아 남아프리카 여러 나라에서 종이 필터를 테스트하게 된다. 실험 결과, 테레사가 개발한 종이 필터는 일반 환경에서도 각종 유해 세균을 99.9% 제거한다는 것이 입증되었고 강물, 냇물, 샘물 등 종류에 상관없이 효과를 발휘하는 것으로 나타났다. 실험이 진행된 일부 지역에서는 종이 필터로 거른 물의 박테리아 제거 수준이 미국 상수도 수준보다도 높은 놀라운 결과를 보이기도 했다.

이 무렵, 그간 지속적으로 식수 문제 해결을 위한 프로젝트를 진행해오던 미국의 비영리 단체 워터이즈라이프(WATERisLIFE)가 단코비치 박사의 연구 성과를 접하고 지원을 제안한다. 워터이즈라이프의 지원 아래 그래픽 디자이너 브라이언 가트사이드(Brian Gartside)의 아이디어로 그녀가 개발한 종이 필터를 엮어 책처럼 만든 것이 바로 '드링커블 북'이다. 이 '드링커블 북'은 미국 시사주간지 《타임(Time)》이 선정한 2015년 '올해의 발명'에 포함되기도 했다.

드링커블 북의 한 페이지는 두 장의 필터로 구성되고 한 장 한 장 뜯어서 사용할 수 있도록 만들어져 있다. 그 한 장으로 무려 100리터의 물을 여과할 수 있다. 드링커블 북 한 권이 총 20장의 필터로 이루어져 있으니, 이 책 한 권이면 약 2,000리터의 물을 정화할 수 있는 셈이다. 이는 보통 성인 한 사람이 무려 4년간 먹을 수 있는 물의 양이다.[2] 물을 정화하는 과정도 매우 간단해 누구나 쉽게 이 드링커블 북을 사용할 수 있다.

각 필터에는 인체에 무해한 콩기름 잉크로 깨끗한 물을 통한 위생과 건강에 관한 정보도 인쇄해놓았다. 영어뿐 아니라 다양한 언어로 정보를 제공한다. 이에 대해 단코비치 박사는 드링커블 북이 물을 정화할 뿐 아니라 사람들의 인식을 변화시키는 역할도 했으면 좋겠다고 설명한다.

단코비치 박사와 워터이즈라이프는 드링커블 북을 좀 더 많은 사

---

2 | 〈https://www.foliawater.com/foliafilterpapers/〉.

드링커블 북 사용 방법

1. 드링커블 북에서 필터 한 장을 떼어낸다.

2. 드링커블 북의 케이스에 떼어낸 필터를 맞춰 끼워 넣는다.

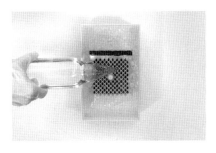

3. 오염된 물을 부어 정수한다.

▌ 유튜브 드링커블 북 홍보 영상. (WATERisLIFE (2014. 4. 30). "The Drinkable Book – Water is Life" 〈https://www.youtube.com/watch?v=qYTif9F188E〉)

위생과 건강에 관한 유익한 정보도 담고 있는 종이 필터. (〈https://www.youtube.com/watch?v=qYTif9F188E〉)

람에게 알려 두루두루 혜택을 누릴 수 있도록 다양한 경로를 활용하고자 했다. 우선 드링커블 북에 대한 소개와 기술개발에 대한 스토리를 동영상으로 만들어 워터이즈라이프 사이트와 유튜브에 공개하고, 다음으로 크라우드 펀딩 사이트 '인디고고'에 제품을 올려 파일럿 테스트를 위한 기부금을 모금했다. 워터이즈라이프와 인디고고를 통해 모금된 돈으로 단코비치 박사는 가나, 아이티, 인도, 케냐 등지에서 드링커블 북의 시험 운용을 진행하고 비영리 단체 iDE(International Development Enterprise)와 협력해 방글라데시에서 지역주민들의 다양한 사용 후기를 수집했다. 이때는 루크 하이드릭(Luke Hydrick)이라는 신시내티 대학의 디자인 전공 학생이 동참해 사람들의 의견을 듣고 다양한 필터 홀더 디자인을 시험하기도 했다. 종이 필터를 효과적으로 묶으면서 사용자가 사용법을 쉽게 이해하고 정확히 사용하도록 하는 데 디자인의 초점을 맞추었다.

드링커블 북의 다양한 실험. (인디고고 드
링커블 북 모금 페이지에 소개된 사진
〈https://www.indiegogo.com/projects/
page-papers-pilot-scale-tests-of-
drinkable-book#/〉)

'드링커블 북'의 전 세계 확산을 목표로 설립된 폴리아 워터

이 과정을 좀 더 체계적이고 효과적으로 진행하기 위해 단코비치 박
사는 페이지(pAge)라는 비영리 단체도 설립했다. 이때부터 그녀가 개
발한 기술에는 '페이지 드링킹 페이퍼(pAge Drinking Paper)'라는 이름
이 붙게 된다. 이 단체를 운영하면서 그녀는 캐나다, 멕시코, 미국, 네
덜란드, 독일 등에서 드링커블 북을 소개할 기회를 얻었고 많은 자금
을 지원받았다.

2016년 1월, 단코비치 박사와 연구팀은 폴리아 워터라는 스타트업
을 설립했다. 전 세계 수억 명에 달하는 사람들에게 필터를 공급한다
는 목표를 달성하려면 단순히 모금 활동만으로는 부족하다고 판단해

서다. 이전까지 드링커블 북은 모두 수작업으로 만들어졌는데 전 세계
적으로 보급하려면 우선 생산성부터 확보해야 하고 생산 규모도 늘려
야 했다. 책 한 권 만드는 데 10달러가 들어가지만 현지 사정에 맞추어
개량하고자 실험하는 데는 3만 달러 정도의 비용이 들어가며, 이 제
품을 필요로 하는 사람들이 전 세계의 빈국에 넓게 퍼져 있다는 것을
감안하면 보급 비용 또한 만만치 않다.

사회적 기업[3]인 폴리아 워터는 홈페이지를 통해 후원을 받을 뿐 아
니라 필터 제품을 구매할 수 있는 온라인 스토어도 운영해 소비자들
과 여러 단체가 개발도상국을 대상으로 하는 필터 지원 사업에 좀
더 용이하게 참여할 수 있다. 이제 드링커블 북은 '세이프 워터북(Safe
Water Book)'이라는 이름으로 일반인에게도 판매되고 있다. 또한 종이
필터로 물을 거를 수 있는 깔때기는 물론, 책과 깔때기를 패키지로 구

▌ 폴리아 워터의 필터 제품. 왼쪽부터 세이프 워터북($25), 깔때기($10), 후원 패키지($25).

---

3 | 사회적 기업은 비영리 조직과 영리 기업의 중간 형태로, 일반 기업과 마찬가지로 영리 활동을 수행하
지만 그 과정이나 그로부터 얻은 이익으로 사회적 목적을 추구하여 달성하는 기업이다.

성해 판매하고 있다. 대규모로 지원 사업에 참여하고 싶다면 필터를 대량으로 구매할 수도 있으며 책으로 가공되기 전의 필터 종이를 구매할 수도 있다.

드링커블 북이 나오기까지 단코비치 박사의 오랜 집념과 헌신, 그리고 많은 사람의 관심과 도움이 있었다. 앞으로도 폴리아 워터와 단코비치 박사 연구팀은 지속적 투자와 지원에 힘입어 생명과 환경을 살리는 따뜻한 기술을 세계 곳곳으로 전할 것이다.

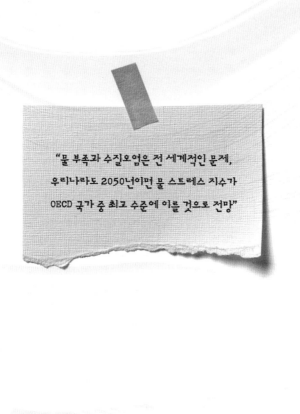

02

더 빠르고 간편하게 깨끗한 물을 얻는 방법

:: 리퀴디티 나노테크(Liquidity Nanotech) ::

인간의 몸을 구성하는 요소 중 물이 차지하는 비중은 70%나 된다. 물이 부족하면 피부와 같은 외적 상태뿐만 아니라 신체 내부 기관에도 이상이 생길 수 있고, 오염된 물을 먹을 경우에 심하면 사망에 이를 정도로 물은 우리 몸에 필수적이며 면밀한 관리가 요구된다.

●

늘어나는 '물 기근' 국가

사실 물의 중요성을 강조하는 것은 어제오늘 일이 아니다. 전 세계가 물 부족을 겪고 있으며 수질오염 문제도 날로 심각해지는 상황이다. 우리나라도 물 부족에 있어서는 예외가 아닌데, 경제협력개발기구(OECD)가 2012년 발표한 보고서에 따르면, 우리나라는 2050년에

OECD 국가 중 최고 수준의 '물 스트레스 지수[4]'를 나타낼 것으로 전망되었다. 수질오염 문제는 개발도상국을 중심으로 나타나고 있는데, 특히 아프리카의 많은 사람들이 물로 인해 고통받고 있다. 아프리카에는 현재 약 7억 5,000만 명이나 되는 사람이 깨끗한 식수 공급원을 확보하지 못하고 있다. 특히 탄자니아와 같이 건기[5]가 긴 국가는 건기를 거치면서 대부분의 지표수가 말라버리기 때문에 식수 문제가 더욱 심각하다. 결국 식수 문제로 탄자니아 국민들의 생명이 위협받는 상황까지 발생하고 있는데, 탄자니아에서는 식수 문제로 사망하는 5세 이하 아이들의 비율이 30%에 이르는 실정이다. 이는 엄마 배 속에서 이미 오염된 물을 마시게 됨으로써 각종 질병이나 장애를 가지고 태어나기 때문이다. 유니세프(UNICEF)의 세계 아동 현황 보고서에 따르면, 탄자니아에서 정수된 식수원을 이용하는 비율은 53%에 불과하고 오지 마을은 그 비율이 44%도 채 되지 않는 것으로 나타났다.

정수되지 않은 오염된 물을 마시면 여러 가지 질병에 노출될 수밖에 없는데 장티푸스, 콜레라, 이질 등 수인성 전염병이 대표적이다. 우리나라를 포함하여 선진국에서는 이 같은 질병에 걸리는 사람이 소수이지만, 오염된 물을 마시는 아프리카에서는 아주 흔하게 찾아볼 수 있다. 깨끗한 물을 마시는 것이 인간의 생명에 얼마나 중요한 문제인가

4 | 물의 총수요량을 1년간 쓸 수 있는 수자원으로 나눈 수치로, 물 수요가 사용할 수 있는 물의 양에 비해 10%를 초과할 경우 물 스트레스 상태로 간주한다.
5 | 탄자니아의 건기는 6~10월이다.

를 보여주는 사례다.

●
세상에서 가장 빠른 정수 기술

이렇듯 점점 더 심각해지는 전 세계의 물 문제를 해결하기 위한 다양한 노력은 이전부터 많이 있었다. 예를 들어 큐드럼(Q-drum)[6]이나 라이프 스트로(Life Straw)[7]와 같은 적정기술이 아프리카 및 개발도상국에 보급 되었다. 하지만 기존의 제품들은 정수하는 데 많은 시간이 소요되며 안전성 측면에서도 개선이 필요하다. 정수 제품의 가장 중요한 요소는 어디서나 간편하면서도 안전하게 물을 마실 수 있어야 한다는 것이기 때문이다.

리퀴디티 나노테크(Liquidity Nanotech, 이하 '리퀴디티')는 이러한 조 건을 충족시키는 새로운 방식의 휴대용 정수 카트리지를 개발하였 다. 기존의 정수 기술을 한 단계 발전시켜 사용자 경험을 크게 높인 결과, 이 제품은 2015년 테크크런치 스타트업 배틀필드 뉴욕 대회에 서 1등을 차지하였다. 2014년 창업한 것을 감안할 때 매우 빠르게 성 공을 거둔 셈이다. 리퀴디티는 'We make the world's best water

---

6 | 남아프리카공화국의 건축가이자 산업디자이너인 한스 헨드릭스(Hans Hendrikse)가 디자인한 제품 으로, 한 번에 50리터의 물을 드럼통에 담고 거기에 끈을 달아 굴리는 방식으로 쉽게 운반할 수 있게 한 것이다.
7 | 목에 걸고 다니며 물을 마실 수 있도록 개발된, 정수 기능을 갖춘 빨대 형태의 제품이다.

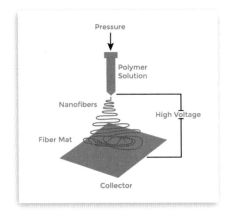

리퀴디티의 일렉트로 스피닝(전기방사) 기술은 섬유기술에 나노기술을 접목한 것으로, 기존 섬유소재와는 전혀 다른 기능을 가진 섬유를 만드는 기술을 의미한다. 일렉트로 스피닝은 고분자 물질에 전기 및 유체역학적 힘을 가하여 원료물질 내부에서 전기적 반발력을 발생시켜 분자들이 뭉치도록 유도해 용액 상태의 폴리머(polymer)를 순간적으로 섬유 형태로 방사한다. (리퀴디티 홈페이지 〈http://liquico.com/〉)

purification cartrides'라는 슬로건을 홈페이지에 게시하고 있는데, 이 같은 자신감은 리퀴디티의 카트리지가 미국 환경보호청(EPA: Environmental Protection Agency) 기준을 크게 만족시키고 기존의 필터보다 훨씬 빠르게 정수한다는 사실에서 비롯된다.[8]

리퀴디티는 바닷물 외에 대부분을 정수할 수 있는데, 자사 고유의 일렉트로 스피닝(electro-spinning) 기술로 0.2마이크로미터의 나노섬유 멤브레인(membrane)을 통해 빠르고 깨끗하게 물을 정수한다. 리퀴디티의 정수 카트리지는 99.9999% 확률로 박테리아를, 99.99%의 확률로 바이러스를 제거해주는데 장티푸스, 콜레라, 대장균, 살모넬라균, 보툴리눔 식중독균, 기생균인 크립토스포르디움, 노로바이러스, 사스 등 많은 유해한 박테리아와 바이러스를 걸러준다.

---

8 | 기존 정수 필터가 1분간 30밀리리터의 물을 정수하는 데 비해 리퀴디티 카트리지는 240밀리리터의 물을 정수할 수 있다.

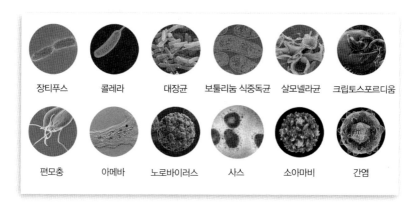

장티푸스　콜레라　대장균　보툴리눔 식중독균　살모넬라균　크립토스포르디움

편모충　아메바　노로바이러스　사스　소아마비　간염

▌ 리퀴디티 카트리지가 제거하는 박테리아와 바이러스. (리퀴디티 홈페이지 〈http://liquico.com/our-technology〉)

향후 리퀴디티의 정수 카트리지는 열악한 인프라와 수질오염 문제 등으로 어려움을 겪는 신흥국 소비자들뿐만 아니라 선진국 시장에서도 아웃도어를 즐기는 소비자들에게 큰 호응을 얻을 수 있을 것으로 보인다. 리퀴디티는 특히 의료·제약·석유·가스 등 물과 관련된 여러 산업 분야에서 적극적으로 활용되는 것을 목표로 잡고 있다. 이전에도 다양한 정수 기술이 있었지만, 리퀴디티는 남들이 쉽게 따라할 수 없는 기술을 개발하고, 이로써 소비자의 니즈를 만족시킴으로써 사업의 지속가능성을 확보하였다. 기후 변화와 다양한 재난과 재해로 인해 글로벌 사회에 불확실성이 점점 더 증가하는 요즘, 리퀴디티는 인간에게 꼭 필요한 기술을 확보함으로써 근본적이고도 가장 중요한 문제를 해결하는 능력을 확보한 스타트업이라고 할 것이다.

"미국 시민 100만 명이 내보내는
폐수 속에 포함된 광물자원의 가치는
무려 1,300만 달러"

03

폐수 속에서
진주 찾기

:: **오스타라**(Ostara Nutrient Recovery Technologies) ::

잊을 만하면 한 번씩 회자되면서 지구의 미래를 걱정하게 만
드는 몇 가지 이슈가 있다. 식량난, 수질오염, 자원고갈 등이 그것이다.
게다가 이 문제들은 서로 실타래처럼 엮여 있다. 예를 들어, 식량난을
해소하려고 비료를 많이 쓰면 녹조가 발생해 수질오염이 심해진다. 녹
조는 비료에 다량 포함된 질소와 인 등 영양염류를 먹이로 수생 미생
물인 남조류 등이 대량 번식해 물이 초록색으로 바뀌는 것을 가리킨
다. 이러한 미생물은 결국 물을 썩게 만들고 세포 내 독소를 만들어 식
수 안전을 위협한다. 그렇다면 수질오염을 방지하면서 식량난과 자원
고갈 문제까지 한 번에 해결할 수는 없을까?

수질오염, 식량난, 자원고갈을 동시에 해결하는 방법은…

아이러니하게도 고갈을 염려하는 광물자원, 각종 금속성분이나 희토류 등은 광산이나 공장 등에서 내보낸 폐수 속에 다량 함유되어 있다. 매년 미국 시민 100만 명이 내보내는 폐수 속에 포함된 광물자원의 가치가 무려 1,300만 달러에 달한다는 연구 결과가 있을 정도로,[9] 역설적으로 폐수는 광물자원의 보고이기도 한 것이다. 하지만 이 폐수는 수질을 오염시키고 인체에 유해를 끼치는 원인이 된다. 어느 한쪽은 많아서 문제, 어느 한쪽은 부족해서 문제인 셈이다.

특히, 비료의 원료인 인(Phosphorus)은 우리 몸의 DNA와 뼈, 치아 등을 구성하며 생물의 생장에 꼭 필요한 성분이다. 그러나 인구 증가로 식량 생산량을 늘리기 위해 비료로 사용되는 인의 수요가 급증한데다 2035년경에는 공급량이 줄어들 것으로 전망됨에 따라 수급불균형에 대한 우려가 큰 상황이다. 게다가 세계 인 매장량의 90%가 중국과 모로코, 미국, 남아프리카공화국과 요르단 등 일부 국가에 편재되어 있어 자원무기화에 대한 염려도 크다.[10]

한편으로, 인은 수질관리를 위해 하·폐수처리 과정에서 중점적으

9 | Westerhoff, P. et al. (2015). "Characterization, recovery opportunities, and valuation of metals in municipal sludges from U.S. wastewater treatment plants nationwide". *Environmental Science & Technology*. 29(16). 9479–9488.

10 | Cordell, D. (2010). "The story of phosphorus–sustainability implications of global phosphorus scarcity for food security". Linköping studies in Arts and Science. Linköping University.

로 제거되어야 하는 성분이기도 하다. 폐수처리 과정 중에 생기는 인 찌꺼기들은 폐수처리장 파이프 안에 남아 엉겨 붙은 채로 일종의 결석을 만들어낸다. 이 결석은 폐수처리 성능을 떨어뜨리기 때문에 수처리장은 주기적으로 이 결석을 제거하기 위한 약품 사용 등에 별도의 많은 비용을 들여야 한다. 이래저래 골칫거리가 아닐 수 없다.

그렇다면 수질오염도 방지하면서 식량난과 자원고갈을 동시에 해결할 수는 없을까? 고민 끝에 이 모든 문제를 동시에 해결하는 수처리 시스템을 만들어내 화제가 된 스타트업이 있다. 바로 캐나다의 스타트업, 오스타라(Ostara Nutrient Recovery Technologies)이다.

●

유망 기술의 조건

오스타라는 2005년 캐나다 밴쿠버에 설립된 수처리 전문 스타트업이다. CEO이자 창업자인 필립 아브래리(F. Phillip Abrary)는 생물학도 출신으로, 산업 현장에서 기술 컨설팅을 해주는 전문 업체를 운영한 경력이 있다. 그는 펄프·제지 기업고객들을 상대하면서 폐수처리 관련 문제에 관심이 생겨 사업화할 만한 수처리 기술에 대한 탐색에 나섰다고 한다. 그가 생각한 유망 기술의 조건은 "환경적·사회적 가치가 높으면서도 경제적 가치가 있는 기술일 것"이었다. 상업적 성공 없이는 진정한 친환경 또한 이룰 수 없다는 생각이었다.[11]

그러나 이 생각을 현실화하기는 쉽지 않았다. 여러 가지 어려운 조건을 동시에 충족시킬 만한 적당한 기술을 찾아내지 못하던 중 아브래리의 눈에 들어온 것이 캐나다 브리티시 컬럼비아 대학 연구진이 개발한 인·질소 분리응집 기술이었다. 아브래리는 이 기술의 라이선스를 확보해 사업화했고, 이것이 바로 오스타라의 대표 기술인 '펄 프로세스(Pearl Process)'의 근간이 된다.

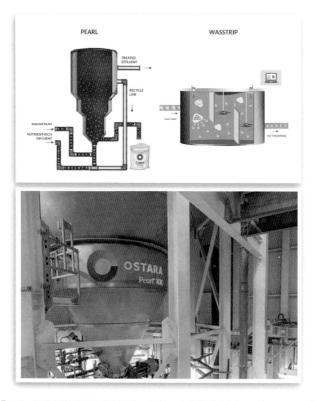

▌ 펄 프로세스와 펄 반응기의 실제 모습. (오스타라 홈페이지 〈http://ostara.com/〉)

11 | "From the TOP: Q&A with Philip Abrary" (2010. 11. 9). Environmental Protection.

펄 프로세스에서 만들어지는 프리미엄 비료 '크리스털 그린'. (오스타라 홈페이지 〈http://ostara.com/〉)

　펄 프로세스란 수처리 중 농축된 액상 슬러지에 염화마그네슘을 주입하여 인·질소 성분과의 결정화 반응을 유도함으로써, 직경 1~3.5밀리미터의 알갱이를 생성시키고 이를 건조해 비료로 제품화하는 기술이다. 폐수 속에 포함된 인은 최대 85%가량, 질소는 40%가량을 제거할 수 있다고 한다. 게다가 이렇게 알갱이로 생성된 비료는 친환경 고기능성을 앞세워 '크리스털 그린(Crystal Green)'이라는 브랜드로 프리미엄 비료 시장에서 판매된다. 대부분의 비료는 인 성분의 75%가 식물에 흡수되지 못한 채 빗물에 녹아 씻겨 내려가기 때문에 생산성과 수질오염 양 측면에서 모두 문제가 있었다. 그런데 이 알약 모양의 비료인 크리스털 그린은 불용성이어서 빗물에 의한 유실이 적고, 식물 뿌리에서 배출되는 유기산에 의해 서서히 녹는 특징을 갖고 있다. 이것이 바로 크리스털 그린의 높은 흡수율과 그 효과가 200일간 지속되는 비결이다.[12]

---

12 | 오스타라 홈페이지 〈http://ostara.com/〉.

더욱이 폐수 속 성분을 사실상 재활용하는 제품이어서 자원고갈이나 채굴 과정의 환경파괴 논란에서도 자유롭고, 사용 과정에서도 수질오염을 덜 일으키므로 진정한 친환경 제품이라 평가받을 만하다. 펄 프로세스를 설치한 고객이 수처리 과정에서 부산물로 생산된 비료를 제공하면 오스타라가 이를 구매해 유통, 판매한다. 수처리장 입장에서는 효과적으로 수질오염 물질을 제거할 뿐 아니라 파이프 결석 관리 비용도 줄일 수 있고, 부수입까지 덤으로 얻는 셈이다.

●

최고의 기술력은 기본, 경제적·실질적 가치로 고객 설득

오스타라는 기술뿐 아니라 마케팅 측면에서도 영민한 전략을 준비했다. 일단 펄 프로세스의 반응기를 기존 수처리 시설에도 손쉽게 연결할 수 있도록 모듈 형태로 설계했다.[13] 그 덕분에 이미 운영 중인 수처리장 입장에서는 새로운 시스템을 도입하고자 기존 시설을 포기하거나 대대적 설비 변경을 하지 않아도 되므로 도입 여부를 결정하는 과정에서 해야 하는 고민이 그만큼 줄어든다. 또한 오스타라는 고객의 설치비용 부담을 덜어주고자 서비스 요금 제도를 도입했다. 즉, 고객이 시스템을 구매해서 설치할 수도 있지만 비용이 부담된다면 시스템 이용 및 수처리 서비스에 대해서만 요금을 지불할 수 있다.

---

13 | 오스타라 홍보 브로셔, "Pearl 10000". 〈https://services.ostara.com/weftec/downloads/Ostara_Pearl10K-brochure_web.pdf〉.

오스타라는 환경개선 효과 등 당위적 명분에 호소하는 대신, 도입 및 운영 비용 절감, 추가 수입원 제공 등 보다 경제적이고 실질적인 가치로 고객을 설득해냄으로써 캐나다뿐 아니라 미국, 영국, 네덜란드 등지에 자사의 시스템을 보급하고 있다. 현재 14개 수처리장에서 펄 프로세스 시스템이 운영 중이다. 특히 미국의 유명한 엔지니어링 기업인 블랙 앤 비치(Black & Veatch)와 공동으로 시카고 시에 건설되는 세계 최대 하수고도처리[14] 시설 건설 프로젝트를 수주하는 데 성공해, 2016년 5월 드디어 운영을 시작했다. 블랙 앤 비치는 전체 시설의 설계, 구매, 건설 전반을 담당하고, 오스타라는 여기에 펄 프로세스 시스템 설치 및 운영관리 기술을 지원하며, 연간 1만 톤가량의 크리스털 그린을 생산할 계획이다.[15]

오스타라는 창업 이후 꾸준히 클린테크계의 유명 벤처캐피털들의 지원을 받아 성장해왔다. 현재까지 4,600만 달러의 투자금을 확보한 것으로 알려져 있는데,[16] 밴티지포인트 캐피털(VantagePoint Capital), 프록 캐피털(Frog Capital) 등이 주요 투자자이다. 이 중 밴티지포인트 캐피털의 파트너인 로버트 케네디 주니어(Rober F. Kennedy Jr.)는 2009년부터 오스타라 경영진에 합류해 활약하고 있는데, 그는 케네디 전

14 | 유기물뿐 아니라 인과 질소의 제거를 강화한 수처리 방식이다.

15 | "The MWRD of greater Chicago and Ostara open world's largest nutrient recovery facility to help recover phosphorus and protect Mississippi river basin" (2016. 5. 25). Marketwired.

16 | 〈https://www.crunchbase.com/organization/ostara#/entity〉.

대통령의 조카이자 환경변호사로 유명한 인물이기도 하다. 환경변호사 시절, 로버트 케네디 주니어는 미국 내 수많은 환경오염 관련 소송이 폐수처리장에서 배출되는 인이 하천과 호수를 오염시킨 것과 관련되어 있어 안타까웠다고 한다. 환경오염은 물론이고 이와 연관된 소송으로 폐수처리 사업자 또는 관련 사업을 운영하고 관리하는 도시 당국이 막대한 정화비용으로 어려움에 처하는 모습을 지켜봐야 했기 때문이다. 이러한 문제를 효율적으로 해결해줄 수 있는 오스타라의 솔루션에 매력을 느낀 그는 적극적으로 홍보자 역할을 자처하게 된다.[17]

오스타라는 글로벌 기업들과 폭넓은 파트너십을 맺고 있다는 점에서도 성장 가능성을 높게 평가받고 있다. 오스타라는 2011년 세계 수처리 분야 1위 기업인 베올리아(Veolia)의 스타트업 지원 프로그램 대상 기업 중 하나로 선정되어 기술개발 및 신시장 진출 등에서 협력관계를 유지하고 있다. 또한 앞서 언급된 블랙 앤 비치뿐 아니라 영국의 ACWA(대기와 수처리 전문 기업), 미국의 PCL(건설 기업), 네덜란드의 엘리쿠오 워터 & 에너지(수처리·에너지 전문 기업) 등과 함께 세계 곳곳의 폐수처리장에 자사의 기술을 보급하고 있다.

오스타라는 유망 클린테크 스타트업의 대표주자로서, 2011~2013년 '딜로이트 테크놀로지 그린(Deloitte Technology Green) 15', 2011년 세계경제포럼의 '테크놀로지 파이오니어(Technology Pioneer)' 등으로 선

---

17 | "Canadian waste water treatment firm cleaning up with its technology" (2014. 6. 4). The Globe and Mail.

정되는 등 언론의 주목도 많이 받았다. 그럼에도 불구하고 기업공개(IPO)에는 느긋한 모습인데, "우리 능력보다 너무 앞서 나가기보다는 천천히 전진하며 우리의 시스템을 세계 곳곳에 보급하고 아시아 등 신시장을 개척하는 일에 집중하겠다"[18]라는 CEO의 의중이 반영된 행보로 볼 수 있다. 앞으로도 계속 수질오염, 자원고갈, 식량난은 전 지구적 고민거리일 것이고, 자사 기술력의 효용가치가 더욱 주목받게 될 것이라는 오스타라의 당당함이 느껴지는 대목이다.

---

18 | "Canadian waste water treatment firm cleaning up with its technology" (2014. 6. 4). The Globe and Mail.

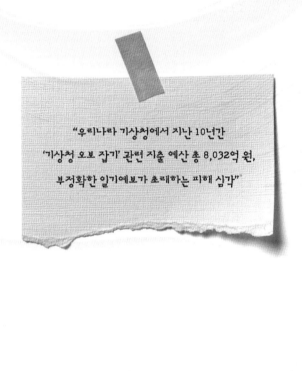

"우리나라 기상청에서 지난 10년간

'기상청 오보 잡기' 관련 지출 예산 총 8,032억 원,

부정확한 일기예보가 초래하는 피해 심각"*

04

부족하고 부정확한 날씨 정보를 개선할 수는 없을까?

:: 스파이어(Spire) ::

전 세계 누구든 하루에도 몇 번씩은 찾아보거나 대화에 언급하고, 일상뿐 아니라 비즈니스와 정부 정책 등 각종 의사결정에 기초적으로 활용되는 정보, 그런데 이렇게 중요한데도 공짜로 제공되는 정보가 있다면 무엇일까? 정답은 바로 날씨 정보일 것이다. 사실, 날씨 정보는 공공 서비스에 의해 공짜로 제공된다는 인식 때문에 그 중요성에 비해 '비즈니스 기회'라는 관점에서는 크게 주목받지 못했던 것이 사실이다. 그러나 최근 기상이변이 빈번해져 예년 기준으로 날씨를 어림짐작하기가 어려워진 데다 부정확한 날씨 예측에 따른 사회경제적 피해도 막대해지면서, 보다 정확하고 정밀한 날씨 정보에 대한 기업과

---

* | "〈NEWS LAB–it〉 또 사람 탓?… 기상청 10년 8,032억 원 '투자 미스터리'" (2016. 9. 6), 《한국경제》.

사회의 니즈가 커지고 있다.

이에 따라 특정 위치와 시간, 항목 등 고객 니즈에 맞춰 측정, 분석된 날씨 정보를 판매하거나 기업고객에게 날씨 컨설팅 또는 날씨 기반 마케팅 플랫폼 등을 제공하는, 다양한 형태의 기상 정보 서비스업이 부상하고 있다. 다시 말하면, 기상 정보 서비스 분야에서 활약 중인 대다수 스타트업은 빅데이터 분석을 기반으로 컨설팅 및 마케팅 플랫폼 등에서 사업을 전개하고 있다.

●

제2의 스페이스X, 날씨 예측에 도전하다

그런데 이러한 기존 방식과는 다르게 '관측', 그것도 '위성 발사'를 통해 혁신을 이뤄낸 기업이 있어 눈길을 끈다. 바로 제2의 스페이스X(Space X)로 주목받는 '스파이어(Spire)'다. 잘 알려진 바와 같이 엘론 머스크가 설립한 스페이스X는 민간기업 최초로 우주선 발사에 성공하고 NASA로부터 우주 화물용역 수주를 따내는 등 우주산업의 혁신을 상징하는 존재다. 스파이어가 제2의 스페이스X로 언급되는 이유를 알려면 먼저 스파이어의 주요 사업 영역인 해양·기상 위성관측 분야의 특징을 들여다볼 필요가 있다.

전 세계적으로 기상 정보를 관측하는 위성은 약 20개라고 한다.[19] 이

---

19 | "Satellite start-up promises super accurate weather data" (2015. 1. 30). PCMag.

들 위성은 자동차만 한 크기로, 발사에 최소 수억~수십억 달러가 소요되며 일단 발사되면 교체주기도 매우 길다. 심지어 1990년대의 486급 PC로 구동되며, 주로 인구밀도가 높은 도시나 육지를 관측한다.[20] 소수의 노후 위성이 한정된 지역을 위주로 관측하는 날씨 정보에 전 세계가 의존하고 있는 셈이다. 우리는 일상생활에서 날씨에 근거해 아주 많은 의사결정을 내려야 하는 데 반해 날씨 정보는 여전히 부족할 뿐 아니라 부정확하다는, 어쩌면 새삼스럽지 않은 이 사실에 스파이어는 주목했다. 그래서 이들은 위성발사와 관측상의 비효율성을 개선하기 위한 혁신의 밑그림을 차근히 그려나갔다.

●

여러 개의 초소형 위성으로 정밀한 관측 정보를 얻다

스파이어는 더 많은 위성을 쏘아 올려 더 많은 관측 정보를 확보해 더 정확한 날씨 정보를 제공하는 '위성 기반의 데이터 기업(satellite-powered data company)'을 지향한다.[21] 그들은 인공위성이 보내는 GPS 신호가 대기를 통과하는 과정에서 습도나 온도 등에 따라 굴절을 일으키며 변한다는 원리를 이용해 기상을 관측하는 전파 엄폐(GPS radio Occultation) 방식에 주목했다. 그들이 생각한 아이디어는 지상 2만 킬

---

20 | "Spire unveils first ever shoebox-sized satellite to make weather as predictable to navigate as google maps" (2015. 1. 29). MarketWired.

21 | "Spire, planet labs shrug off launch disaster for Elon Musk's SpaceX" (2015. 7. 2). Xconomy.

┃ 스파이어의 초소형 위성 제작 모습. (Spire Global)

로미터 상공에서 운행 중인 GPS 인공위성의 신호를 센서로 감지하기
위해 지상 500킬로미터 상공에 여러 개의 소형 위성을 쏘아 올리는 것
으로, 이렇게 하면 보다 많은 양의 데이터를 확보할 수 있어 더욱 정확
하게 기상을 관측할 수 있다.

그러나 이 아이디어를 실현시키려면 극복해야만 하는 도전과제가
있었다. 정보의 양과 정확도를 높이기 위해 더 많은 위성을 쏘아 보내
려면 비용 측면의 혁신을 이뤄내야만 했다. 이를 위해 스파이어는 위
성을 초소형으로, 즉 와인 한 병 또는 구두 한 켤레가 들어가는 정도
의 상자 크기에 무게도 5킬로그램 이하로 제작했다. 저궤도로 위성을
발사하였고, 위성 제작 시 안테나와 태양광 패널 등은 가능한 한 범용

▌ 스파이어 초소형 위성의 지구 관측 모습. (스파이어 홈페이지 〈https://spire.com/data/custom-platform/〉)

제품을 활용하였으며 부품도 최소화함으로써, 발사 비용을 한 대당 25만 달러 수준으로 낮추었다.[22] 2012년 설립 이래, 스파이어는 2013년 세계 최초로 크라우드 펀딩을 활용해 위성을 발사하는 데 성공했고, 2015년 세계 최초로 기상위성을 발사한 민간기업이라는 마일스톤을 달성했다.

스파이어는 현재까지 48개의 위성을 발사해 운영 중이며, 빠른 시간 내에 20개 위성을 추가 발사할 계획이다. 이렇듯 빠듯한 위성 발사 일정을 맞추기 위해 스페이스X는 물론이고 미쓰비시 중공업, 뉴질랜드

---

22 | "SpaceX success launches space startups to new heights" (2015. 1. 15). Reuters; "Spire, planet labs shrug off launch disaster for elon musk's SpaceX" (2015. 7. 2). Xconomy.

의 로켓랩 등 다양한 로켓 기업들과 계약을 체결하고 있다. 만약 스파이어의 야심 찬 계획이 성공한다면, 현재 주요국의 기상위성에서 제공하는 기상관측 데이터보다 약 100배 많은 데이터를 제공할 수 있고, 날씨 변화를 20일 먼저 정확히 예측하는 것도 가능해진다고 한다.[23]

그런데 여기서 한 가지 의문이 남는다. "이렇게 많은 데이터를 누가, 어떻게 활용할 것인가?" 하는 문제다. 스파이어는 사실, 창업을 준비하면서 기술개발보다는 사업모델 발굴에 더 힘을 쏟았다고 한다. 창업자이자 CEO인 피터 플래처(Peter Platzer)는 물리학자 출신의 금융계 컨설턴트로, 기상학이나 우주공학과는 다소 거리가 먼 일을 해왔다. 그가 우선적으로 영입한 인력들도 대개는 월스트리트 등 비즈니스 분야 경험이 풍부한 사람들이었다.[24] 따라서 그들은 우주과학의 관점이 아닌, 고객의 관점에서 위성 정보의 활용도를 모색했다. 그리고 그들은 지구 면적의 70%를 차지하고 세계 교역의 90%가 그곳에서 이뤄질 만큼 중요하면서, 정확한 날씨 예보에 대한 니즈가 큰 해양 기상 분야를 주요 타깃 시장으로 설정했다.[25] 그런 다음, 두 종류의 기술개발에 착수했다. 해상에서의 선박 이동경로 정보를 추적하는 스파이어 센스(Spire SENSE)와 폭풍우 등 날씨를 관측하는 스트라토스(STRATOS)가

---

23 | "Spire, planet labs shrug off launch disaster for Elon Musk's SpaceX" (2015. 7. 2). Xconomy.

24 | "Spire, maker of radio-size satellites, tunes into $40 million in new funding" (2015. 6. 30). Techcrunch.

25 | "Lofty aspirations for Spire's weather-watching cubesats" (2015. 9. 17). Spacenews.

바로 그것이다.

●

기술보다 더 중요한 것은 사업모델 개발과 경영 철학

스파이어는 자사가 관측, 분석한 정보를 해운 기업이나 각국 정부, 교역 관련 국제기구, 기타 건설이나 발전 등 날씨 민감 산업에 속한 기업에 판매할 계획이다. 고객들은 스파이어의 정보를 활용해 이상 날씨에 대비할 수 있을 뿐 아니라 해적에 의한 선박 피랍, 교역 현황, 불법 어획 활동 등도 살피고 감시할 수 있다.

스파이어는 창업 후 2015년까지 약 8,000만 달러의 펀딩을 확보하는 데 성공했으며,[26] 창업의 시작점이었던 샌프란시스코뿐 아니라 싱가포르, 영국 글래스고 등지에 사무실을 두고 글로벌 사업을 준비 중이다. 2017년 11월에는 룩셈부르크에 유럽 본부를 신설했으며, 룩셈부르크 정부의 창업지원 펀드인 LFF(Luxembourg Future Fund, 운영자금 규모는 1억 5,000만 유로)로부터 투자금을 유치하는 등 유럽 사업 확대를 위한 발판을 마련하기도 했다.

단기간에 많은 성과를 달성하며 승승장구하고 있다는 점 외에 스파이어가 주목받는 이유는 또 있다. 바로 CEO의 남다른 인재경영 철학이다. 창업자이자 CEO인 피터 플래처는 사실 독특한 이력의 소유자

---

26 | "Spire, planet labs shrug off launch disaster for Elon Musk's SpaceX" (2015. 7. 2). Xconomy.

다. 앞서 언급한 대로, 그는 물리학을 전공하고 세계 곳곳에서 컨설턴트로 일한 경험을 살려 자신이 졸업한 하버드 비즈니스 스쿨에서 커리어 코치로 14년간 근무한 바 있다. 그는 이런 경험을 통해 큰 깨달음을 얻었다고 고백한다. "사람들은 자신이 열정을 가진 일은 웬만해선 망치지 않는다. 사람들은 보통 이미 마음이 떠난 일을 망치는 것이다."[27]

이러한 경영 철학에 따라, 스파이어는 직원들에게 고과 리뷰나 해고 같은 방식으로 성과에 대한 압박을 행사하지 않는다. 그보다는 60여 명의 전 직원들에게, 자신의 일에 만족하고 열정을 잃지 않도록 동기부여를 하는 쪽을 선택했다. 실제로 스파이어는 '해고하지 않는' 스타트업으로 유명세를 탔다. 직원들이 안정감을 느끼지 못한다면 결코 생산성이 높아질 수 없다는 생각에서였다. 대신 플래처는 모든 직원에게 1년에 4회씩 커리어 테스트를, 매년 커리어 코칭을 받도록 했다. 자신의 장기적인 커리어 목표는 무엇이며, 자신이 해내고 싶은 일은 무엇인지, 전문성과 역량을 높이기 위해 향후 3~6개월간 어떤 스킬을 더 보강할지 등을 고민하는 시간을 갖도록 하기 위해서다.

플래처는 "우리는 누구도 뒤처지게 두거나 포기하지 않는다"라는 메시지를 강조한다. 단, 이렇듯 조직원을 배려하는 플래처의 회사에 입사하는 것은 매우 어렵다. 스파이어는 인력 선발을 깐깐하게 하는 것으로도 유명하기 때문이다. 1,323명의 지원자 중 2주~2개월에 걸친

---

27 | "Meet the CEO who's never fired anyone" (2014. 10. 10). Fast Company.

심사를 거쳐 입사 테스트를 받는데 합격한 사람은 단 10명뿐이었을 정도다.[28] 우수한 인재를 신중하게 선별해 이들의 성장을 격려하며 함께 성공을 이뤄나가려는 CEO의 마음이 읽히는 대목이다.

우주를 돌며 지구의 70%를 들여다보는 창구 역할을 자처하는 커다란 비즈니스 로드맵을 그려나가면서도, 바로 옆 동료와 직원을 따뜻하고 세심하게 돌보겠다는 마음을 지닌 이 기업의 도전에 응원의 박수를 보낸다.

28 | "Spire's Peter Platzer: the boss who never fires anyone" (2015. 4. 6). *The Guardian*.

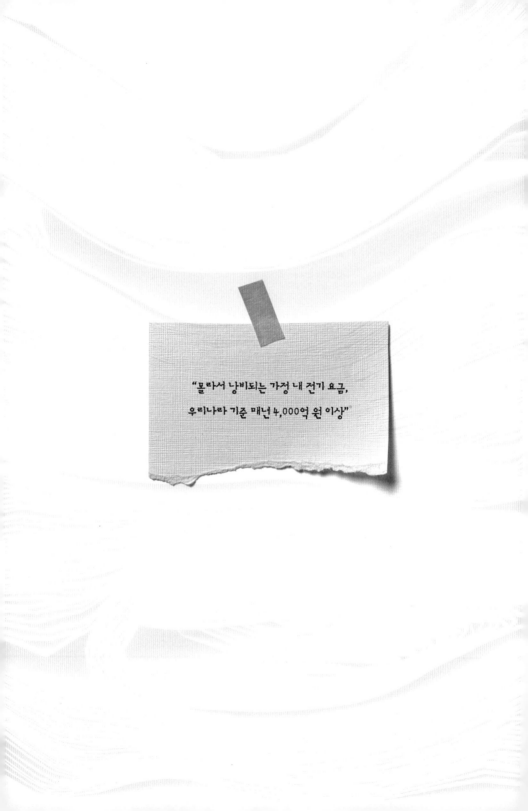

05

절전을
비즈니스화하다

:: **오파워**(Opower) ::

매달 날아오는 각종 고지서를 받아들 때마다 사람들 대다수는 비슷한 생각을 할 것이다. "어쩌다가 이렇게 요금이 많이 나왔지?" 특히 전기요금은 집안 곳곳에서 수시로 전기를 사용하는 데다 누진세 등으로 과금 체계도 복잡하기 때문에 소비자는 자신이 한 달간 전기를 어디에 얼마나 쓴 것인지, 전기요금 산정이 어떤 방식으로 이루어지는지 알쏭달쏭할 뿐이다. 요금폭탄이 무서워 더워도 에어컨 틀기를 망설이며 참았는데 요금이 생각보다 많이 나오면 괜히 억울한 마음도 든다. 점포나 공장을 운영하는 사업자라면 더더욱 고민이 많을 것이다. 전력 사용량 자체도 워낙 많지만, 혹여 계약조건에서 정한 사용량

* | 한국전기연구원 (2012. 6. 14). 2011년 전국 대기전력 실측조사 결과 발표 (보도자료).

범위를 초과하기라도 하면 이후 기본 전력요금이 높아져 손해가 막심하기 때문이다.

그런데 소비자의 이런 심리를 꿰뚫어본 두 사람이 있었다. 친구인 두 사람은 '절전, 에너지 효율화'라는 키워드에 주목해 전에 없던 기업, 빅데이터 기반의 서비스 기업을 세우기로 의기투합했다. 저탄소, 전력 IT 분야의 총아로 군림한 오파워(Opower)가 그 주인공이다.

오파워의 창업자인 댄 예이츠(Dan Yates)와 알렉스 래스키(Alex Laskey)는 하버드 대학 동창으로, 1999년 졸업 후 각자의 길을 가다 샌프란시스코에 정착한 뒤 재회한 인연으로, 뜻을 모아 오파워를 창업한 것으로 알려져 있다. 예이츠는 컴퓨터과학을 전공한 후 교육 관련 소프트웨어 회사 에듀소프트(Edusoft)를 창업해 140여 명의 직원을 보유한 탄탄한 기업으로 키워내, 이를 출판사 호튼 미플린(Houghton Mifflin)에 2003년 합병시킨 이력을 갖고 있다. 합병 후에도 에듀소프트 사업부를 맡아 운영해오다 2005년 회사를 떠났고, 그 후로 아내와 함께 세계 곳곳으로 긴 휴가를 다니게 되는데, 이때 환경파괴의 심각성을 목격하면서 환경문제에 큰 관심을 갖게 되었다고 한다. 한편 래스키는 졸업 후 정치권에서 홍보 전문가로 활약했다. 그 과정에서 몇 건의 신재생 에너지 정책과 관련한 캠페인 작업을 한 것을 계기로 기후변화 및 에너지 이슈에 관심을 갖게 되었다.

이처럼 두 동창은 서로 다른 길을 걸어왔으나 비슷한 관심사가 있었던 덕분에 2006년 기후변화와 탄소 문제, 에너지 이슈 등과 관련해 의미 있는 사업을 발전시키기 위해 힘을 합치기로 한다. 그러나 다양한 아이디어를 짜내도 뾰족한 수가 보이지 않아 답답해하던 중 두 사람의 눈길이 닿은 곳이 있으니, 바로 전기요금 고지서였다. 예이츠는 우연히 전기요금 고지서를 들여다보니, 자신이 얼마만큼의 전기를 썼다는 것인지, 고지서에 쓰인 단위는 무슨 뜻인지, 그래서 어떻게 절약을 하면 좋다는 것인지 도무지 모르겠다는 생각이 들었다고 한다.[29]

그래서 이런 문제를 두고 이야기를 나누던 중 번쩍이는 아이디어를 떠올렸다. 매년 전국 곳곳에 배달되는 수십억 통의 전기요금 고지서를 통해 사람들이 전기 소비에 관한 사항을 좀 더 잘 이해하고 절전에 참여할 수 있게 할 효과적 방법을 강구하면 어떨까? 그들은 이 아이디어를 사업화하는 프로젝트를 가리켜 '에너지 빌(Energy Bill) 2.0'이라 명명하고 본격적 시장조사에 들어갔다.[30]

●

"당신은 평균에 비해 전기요금을 이만큼 더 내고 있습니다!"

'절전', 곧 소비자가 전기를 절약하도록 유도하는 것은 지구 환경보호에

---

29 | Cuddy, Amy J. C., Doherty, Kyle Todd and Bos, Maarten W. (2010. 9) (Revised 2012. 1). "Opower: Increasing energy efficiency through normative influence (A)". Harvard Business School Case 911-016.

30 | Cuddy, Amy J. C., Doherty, Kyle Todd and Bos, Maarten W. (2010. 9) (Revised 2012. 1). "Opower: Increasing energy efficiency through normative influence (A)". Harvard Business School Case 911-016.

큰 도움이 된다. 절약한 만큼 발전소에서 화석연료를 덜 쓰게 되는 만큼 온실가스와 대기오염 물질 배출이 줄어들기 때문이다. 좋은 일인 것은 분명하지만, 문제는 수익모델이었다. 많은 사람을 절전에 참여시키는 사업을 한다고 할 때 과연 누가, 어떻게, 왜 돈을 지불할 것인가?

사실 절전 효과에 가장 민감하고 관심이 많은 집단은 전력회사들일 것이다. 전기를 더 많이 팔수록 더 많은 돈을 벌어들일 수 있다는 점에서 절전은 전력회사의 사업에 걸림돌로 여겨질 수 있지만, 실상 꼭 그렇지만은 않다. 그 이유는 크게 2가지이다. 우선 첫째로, 발전 과정에서 화석연료 소비와 온실가스 배출이 많아, 각국의 규제당국이 전력회사에 온실가스 감축이나 에너지 효율화, 소비자 절전 유도 등에서 성과를 내놓으라는 압력을 가하고 있기 때문이다. 둘째로, 전력회사의 수익성 측면에서도 전력의 수요관리는 중요한 문제다. 전력사는 발전 설비 중 일부를 전력수요가 급증하는 피크 타임에 대비해 설치·운영하는데, 이러한 설비는 피크 타임 이외 시간대에는 가동하지 않기 때문에 전력회사 입장에서는 비용 부담으로 여겨지는 부분이다. 따라서 소비자가 피크 타임을 피해 전력을 사용하거나 절전을 통해 피크 타임 전력수요를 줄인다면, 과도한 신규 투자를 줄일 수 있어 수익성 개선에도 도움이 된다. 여기에 착안해 오파워는 전력사와 소비자 양쪽 모두로부터 서비스 요금을 받고 있으며, 이것이야말로 오파워만의 특색이다.[31]

오파워 사업의 한 축은 우선 전력사와 계약을 맺고 수요관리 소프트웨어 플랫폼을 판매하는 것이다. 고객들의 수요를 예측해 전력사에 알려주는 한편, 이를 바탕으로 전력사의 고객들이 절전을 달성할 수 있게끔 돕고, 피크 타임에는 전력수요를 분산시켜주는 것이 이 플랫폼의 핵심 기능이다. 전력사는 오파워의 수요관리 플랫폼을 도입함으로써 운영 효율화를 기해 관리비용을 절약하면서 고객관계 개선과 서비스 품질 향상 등 사업 경쟁력을 강화할 수 있다. 그리고 소비자 고객에게는 절전 관리를 돕는 정보 서비스를 제공하되 회원제로 운영한다. 매달 구독료 형식의 돈을 지불하면 소비자들은 자신의 전기요금이 과다 징수되지는 않았는지, 어떻게 하면 절전을 하거나 피크 타임에 전력 사용을 줄여 전기요금을 덜 낼 수 있는지 등에 대한 정보를 제공받을 수 있게 한 것이다. 더 많은 소비자가 회원으로 가입하면 서비스 수익이 늘어날 뿐 아니라 절전 효과도 커지며, 이에 따라 더 많은 전력사를 유치할 수 있는 선순환 구조가 구축된다.

결국 오파워가 가진 비장의 무기는 일반 소비자를 많이 유치하는데 있었다. 오파워는 심리학자이자 마케팅 전문가 로버트 치알디니(Robert B. Cialdini) 애리조나 주립대학 교수를 영입해 소비자의 행동 패턴과 심리 등을 분석해 소비자 참여를 촉진할 수 있는 전략을 수립했다.[32] 그 전략을 2가지 키워드로 요약하자면 '게임화'와 '아날로그'라 할 수 있다. 오파워는 고객 전력사로부터 소비자들의 전력 소비량과

---

31 | 하버드 비즈니스 스쿨 오픈 포럼. Gunnam, Satya (2015. 4. 14). "Opower: Win-win for consumer & utilities". 〈http://www.hbs.edu/openforum/openforum.hbs.org/goto/challenge/understand-digital-transformation-of-business/opower-win-win-for-consumers-utilities/comments/c-c1d53b7a97707b5cd1815c8d228d8ef1.html〉.

▌ 오파워의 전기 사용 결과와 절전형 제품 정보 알림 서비스. 오파워는 우편뿐 아니라 웹사이트와 스마트폰 등으로도 전기 사용 결과와 절전형 제품 정보 등을 제공하였다. (〈http://www.oracle. com/us/industries/utilities/ou-opower-energy-efficiency-ds-3553419.pdf〉)

요금 관련 빅데이터를 확보해 분석하고, 각 가정마다 그 결과를 이웃들과 비교한 그래프를 우편으로 발송했다. 예컨대 "당신 가정은 지금 이 정도의 전기요금을 내고 있으며 이는 마을 평균에 비해 이만큼 더 내는 것입니다. 당신 주변에서 전기요금을 제일 덜 내는 절전왕은 누구누구입니다"라는 메시지에, 경쟁 심리를 자극하는 비교표, 절전한 성과만큼 요금감면이나 할인쿠폰 등 경제적 혜택으로 보상하겠다는 내용의 우편물을 보냈다. 그러자 소비자의 마음도 움직였다.

32 | Cuddy, Amy J. C., Doherty, Kyle Todd and Bos, Maarten W. (2010. 9) (Revised 2012. 1). "Opower: Increasing energy efficiency through normative influence (A)". Harvard Business School Case 911-016.

빅데이터 기업의 일반적 이미지와 달리, 오파워는 남녀노소에게 친숙한 '우편'이라는 수단을 통해 소비자들에게 더욱 효과적으로 자신들의 가치를 전달하는 방식을 선택했다. 물론 IT에 익숙한 고객들에게는 이메일을 보냈지만, 그렇지 못한 고객들을 배려해 우편 발송을 병행한 것이다. 대다수의 보통 사람들은 더 많은 '데이터'라든지 '하드웨어' 따위로 자신의 삶을 더 복잡하게 만들기를 원하지 않으리라는 생각에서였다.[33] 그들의 예상은 적중했고 2007년 공식 창업 이후 오파워는 승승장구하며 성공가도를 달릴 수 있었다.

●
오바마 대통령을 감동시킨 스타 벤처로의 부상과 한계

오파워의 매출은 매년 1.5~2배씩 쑥쑥 늘어났다. 전에 없던 혁신적 서비스를 바탕으로 2010년 1,100만 달러에서 2011년 2,900만 달러, 2014년에는 1억 2,800만 달러로 급성장하며 시장을 놀라게 했다. 더욱이 매출의 90%는 지속적으로 반복 발생하는 매출이었으니 그야말로 탄탄대로였다.[34]

온실가스 감축 효과에 사업성까지 두루 갖춘 오파워는 2010년 오바마 대통령이 직접 본사를 찾아 격려할 정도로,[35] 클린테크계의 스타

---

33 | Chernova, Yuliya (2014. 4. 7). "How energy upstart Opower bested Google and Microsoft". *The Wall Street Journal*.

34 | "Opower: Growing fast by helping utilities understand you" (2015. 11. 22). The Motely Fool.

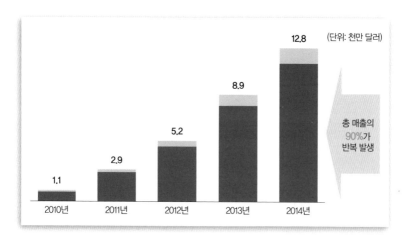

오파워는 매출의 90%가 지속적으로 반복 발생하는 사업모델을 발판으로 급속히 성장했다.
(〈http://www.fool.com/investing/general/2015/11/22/how-opower-proved-it-will-change-the-future-of-pow.aspx〉)

벤처로 이름을 날렸다. 100여 개의 글로벌 전력사와 6,000만 가정 및 기업이 그들의 절전 빅데이터 서비스를 이용했다.[36] 2009년 구글, MS 등이 이와 유사한 서비스를 개시했다가 일반 소비자들의 참여를 확보하지 못해 철수하고 만 것과는 대조적이다.[37]

2014년, 오파워는 마침내 기업공개에 성공하며 1억 1,600만 달러

35 | Overly, Steven (2014. 4. 4). "Shares arlington-based Opower surge 21 percent in initial public offering" *The Washington Post.*

36 | "Opower announces Opower 7, upgraded platform with business intelligence for utilities" (2016. 3. 2). Business Wire.

37 | Chernova, Yuliya (2014. 4. 7). "How energy upstart Opower bested Google and Microsoft". *The Wall Street Journal.*

의 자금을 끌어 모았다. 주요 외신은 오파워가 소비자 심리를 꿰뚫어 보았기 때문에 수많은 도전자 가운데 유일하게 성공할 수 있었다면서 호평을 내놓았다. 그러나 화려한 외적 성장 이면에서 점점 커지는 적자가 오파워의 발목을 잡았다. 글로벌 확장을 무리하게 추진한 데 따른 부작용이었다. 결국 오파워 경영진은 2016년 5월 오라클로 인수합병 되는 길을 선택해, 그들의 성공신화도 일단락되었다. 오라클은 오파워를 5억 3,200만 달러에 인수했는데, 오파워를 유틸리티 사업부에 편입시키고 관련 소프트웨어 사업을 강화하겠다는 전략을 세운 것으로 알려졌다.[38]

지금으로선 오파워를 잡은 오라클의 선택이 향후 어떤 새로운 성공으로 이어질지 예측하기 어렵다. 그러나 빛나는 통찰력으로 아무도 발견하지 못한 새로운 시장을 찾아내 절반의 성공을 이뤄낸 오파워의 두 기업가는 박수를 받아 마땅하다. 지속가능한 성장이 비즈니스로 연결될 수 있음을 증명한 오파워가 오라클의 품에서 다시금 부활할 수 있을지 귀추가 주목된다.

---

38 | "Oracle buys cloud-based SaaS vendor Opower for $532 million" (2016. 5. 2). ZDNet.

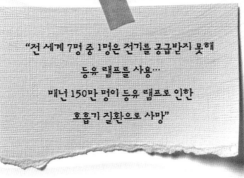

"전 세계 7명 중 1명은 전기를 공급받지 못해

등유 램프를 사용…

매년 150만 명이 등유 램프로 인한

호흡기 질환으로 사망"

06

세상의 어두운 곳을 밝히는 멋진 혁신

:: 데시와트(Deciwatt) ::

최근 세계 각국은 지구 온난화와 환경오염의 주범으로 지목받는 화석연료, 방사능 유출 위험을 내재한 원자력 발전을 대체할 신재생 에너지 확산에 힘쓰고 있다. 미국, 영국, 일본 등 전 세계 44개국은 총발전량의 일정 비율을 신재생 에너지로 공급하도록 신재생 에너지 의무할당제(RPS; Renewable Portfolio Standard)를 발전사업자에 적용하고 있으며, 우리나라도 2012년 1월 1일부터 이 제도를 시행 중이다.

그동안은 태양광·지열·풍력·바이오 에너지 등이 대표적 신재생 에너지로 각광을 받아왔다. 그런데 기존에 그 누구도 생각하지 못한 에너지에 주목하여 새로운 시각을 제시한 기업이 있다. 바로 영국의 사회적 기업 데시와트(Deciwatt)로, 이 스타트업은 놀랍게도 '중력'을 이용하는 '그래비티 라이트(Gravity Light)'를 개발하였다.

누구도 생각해내지 못한 독창적인 신재생 에너지 개발

그래비티 라이트의 구성과 원리는 매우 간단하다. 도르래가 장착된 LED 전등과 비닐 주머니, 그리고 벨트가 구성품의 전부이다. 모래와 돌 등을 집어넣은 12킬로그램의 비닐 주머니를 벨트에 매달아 1.8미터 높이에서 천천히(초속 1밀리미터의 속도) 떨어뜨리면, 도르래 내부에 설치된 톱니바퀴가 회전하여 직류 발전기를 작동시키고 여기서 생성된 전기가 LED 전등을 밝혀준다. 학창 시절 배운 위치 에너지(비닐 주머니가 높은 곳에서 낮은 곳으로 낙하)가 운동 에너지(돌아가는 벨트가 직류 발전기를 구동)로 전환되는 바로 그 원리다. 0.1와트의 전력을 최대 25분간 사용할 수 있고 바닥에 떨어진 비닐 주머니를 올려 작동시키면 전등이 다시 켜진다.

그래비티 라이트는 2012년 런던의 디자이너 마틴 리디포드(Martin

▌ 그래비티 라이트와 그 활용 모습. (⟨https://www.indiegogo.com/projects/gravitylight-lighting-for-developing-countries#/; ⟨http://www.straitstimes.com/world/gravitylight-making-light-affordable⟩)

Riddiford)와 짐 리브스(Jim Reeves)를 통해 크라우드 펀딩 사이트 인디고고(Indiegogo)에서 최초로 공개되었다. 그들은 전 세계 7명 중 1명이 전기를 공급받지 못해 어쩔 수 없이 등유 램프를 사용하고 있는 현실이 안타까웠다. 등유 램프에서 뿜어져 나오는 가스가 인체에 매우 해로울 뿐만 아니라 환경도 오염시키기 때문이다. 미국 브라운 대학의 연구 결과에 의하면 개발도상국에서 매년 150만 명이 등유 램프로 인한 호흡기 질환으로 사망에 이른다고 한다.[39] 또한 케냐 나이로비의 슬럼가인 키베라(Kibera) 등 개발도상국 내 낙후 지역에서는 사람들이 빈 보드카 병이나 버려진 캔에 등유를 붓고 불을 밝혀 화재 위험성도 매우 크다.

이러한 이유에서 개발도상국들은 자국 내 열악한 전기 공급 환경을 개선하기 위해 인체에 무해하고 안전한 태양광 발전 시설을 확충하고자 노력해왔다. 하지만 태양광 패널은 햇빛이 있을 때만 전기를 만들 수 있는 등 날씨와 기후에 크게 영향을 받아 안정적으로 사용할 수 없다는 단점이 있다. 이런 문제를 보완해주는 저장용 배터리가 있으나 가격이 비싸 보급이 예상만큼 충분히 이루어지지 못했다. 리디포드와 리브스는 이러한 태양광의 한계를 극복하고 누구나 안전하고 싸게 전등을 이용할 수 있는 방법을 고민하였고, 4년에 걸친 연구 끝에 그래비티 라이트라는 제품을 만들게 된다.

---

39 | 〈https://arstechnica.com/science/2013/01/kerosene-lamps-face-gravity-powered-usurper/〉.

많은 사람이 그래비티 라이트의 취지와 기술에 공감하여 데시와트는 인디고고에서 목표 금액인 5만 5,000달러의 7배가 넘는 40만 달러의 투자금을 유치할 수 있었다. 2013년 1월 마이크로소프트 창업자 빌 게이츠도 자신의 트위터 계정에 그래비티 라이트를 소개하며 "개발도상국을 위한 값싼 램프의 원천이 될 수 있는 멋진 혁신"이라며 극찬을 아끼지 않았다. 2013년 11월에는 구글 글래스, 가상현실(VR) 기기인 오큘러스 리프트 등과 함께 CNN이 선정하는 '올해의 10대 발명품'에 선정되기도 했다. 데시와트는 같은 해 1,000여 개의 시제품으로 세계 곳곳에서 현장 테스트를 수행하였고 이후 영국, 미국, 캐나다 등지의 후원자들에게 시제품을 전달하였다.

●

"개발도상국을 위한 값싼 램프의 원천"이 된 그래비티 라이트

2015년 7월, 데시와트는 그래비티 라이트를 업그레이드한 '그래비티 라이트 2'를 개발하기로 하고, 케냐에 조립 공장을 설립하기 위한 자금을 모으고자 두 번째로 인디고고에서 펀딩을 진행하였다.

'그래비티 라이트 2'는 기존 그래비티 라이트 사용자들의 다양한 피드백을 반영해 차별화를 꾀하였다. 우선 사용자가 키, 체력 등 신체적 조건에 상관없이 쉽게 비닐 주머니를 원하는 높이로 올릴 수 있게 만들었고 떨어진 비닐 주머니를 올리는 동안 조명이 꺼지지 않도록 기능을 개선하였다. 사용률이 높지 않았던 3단계 밝기 조절 장치는 빼고,

기존 제품이 쉽게 마모된다는 의견을 수렴해 다양한 소재와 부품 배치에 대한 테스트를 진행한 후 외형 디자인을 수정하였다. 최종 상용 제품에서는 기존보다 더 밝은 전구를 탑재하였으며, 최대 사용 시간도 1.5배 이상 늘어났다고 데시와트 측은 밝혔다.

  그래비티 라이트 2는 인디고고에서 목표 금액인 19만 9,000달러를 훌쩍 뛰어넘어 40만 달러 조달에 성공해 다시 한 번 기술력과 상품성을 인정받았다. 이어 2015년 10월에는 쉘 스프링보드(Shell Springboard)에서 우승해 사업 확장과 제품 상용화를 위한 상금 15만 유로까지 획득하게 된다. 쉘 스프링보드는 탄소 저감에 기여할 유망 영국 기업들을 발굴하기 위한 목적으로 2005년 처음 개최된 경영대회로, 이후 10여 년간 86개 기업에 300만 유로를 지원한 대표적인 스타트업 지원 행사이다. 데시와트는 우승 상금을 '그래비티 라이트 라디

■ 그래비티 라이트 2로 쉘 스프링보드 우승을 거머쥔 데시와트의 상품 디렉터 캐롤라인 앤구스 (Caroline Angus)와 기술 디렉터 짐 리브스(Jim Reeves). (쉘 스프링보드 홈페이지 〈http://www. shellspringboard.org/deciwatt-named-2015-shell-springboard-national-winner/〉)

오' 같은 액세서리 제품 개발 등에 활용할 예정이다.

그래비티 라이트는 혁신적인 신재생 에너지 제품일 뿐 아니라 적정 기술 활용의 좋은 사례이기도 하다. 적정기술은 지역에서 구할 수 있는 재료와 자본으로 간단한 기술을 구현하고, 지역민이 생산활동에 참여하는 '중간 기술(intermediate technology)'에서 유래하였고, 1966년 영국의 경제학자 에른스트 프리드리히 슈마허(Ernst Friedrich 'Fritz' Schumacher)가 개발도상국에 적합한 소규모 기술개발 조직을 설립한 것이 시초로 알려져 있다. 적정기술이 가져야 할 특징은 ① 자원과 에너지 절약형의 친환경 기술, ② 큰 자본 투입이 필요 없는 간단한 기술, ③ 낙후한 지역 경제를 살릴 수 있는 기술, ④ 현지 사람들의 구매력과 생활환경에 맞고 자립을 가능하게 하는 기술로 정리할 수 있는데, 그래비티 라이트는 이 모든 기준을 충족하고 있다. 사실 데시와트가 그래비티 라이트 생산국으로 케냐를 선정한 것은 지리적으로 동아프리카 시장의 관문이라는 까닭도 있지만 무엇보다도 그 지역의 일자리 창출이 가능해서다. 데시와트는 향후 그래비티 라이트 2가 대량 생산에 돌입하면 제품 가격도 5달러대에 맞추어, 가계소득의 10~20%를 조명 연료 구입에 사용하는 개발도상국 국민들의 부담을 덜어줄 계획이다.

세상의 어두운 곳을 혁신적 기술로 밝히려는 데시와트의 시도가 궁극적으로 성공을 거둔다면, 사회적 기업을 표방하는 스타트업들이 어떤 방식으로 자금을 조달하고 시장성을 평가받고 기술을 개발해야 하는지 그 방향을 제시한 대표 사례로서 주목받을 것이다.

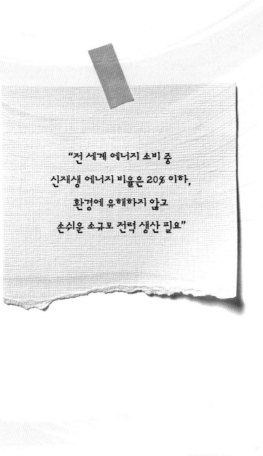

"전 세계 에너지 소비 중
신재생 에너지 비율은 20% 이하,
환경에 유해하지 않고
손쉬운 소규모 전력 생산 필요"

07

필요한 에너지를 스스로 모아
자유로이 쓸 수 있는 세상 만들기

:: **언차티드 파워**(Uncharted Power) ::

언차티드 파워(Uncharted Power)는 축구공과 줄넘기 줄을 제작하는 스타트업이다. 하지만 언차티드 파워는 홈페이지에서 자신들을 '에너지 기업'이라고 소개하고 있다. 왜일까? 언차티드 파워의 축구공과 줄넘기 줄은 단순한 축구공과 줄넘기 줄이 아니다. 언차티드 파워의 목표는 운동하는 동안 발생한 에너지를 전기로 활용할 수 있게 하는 것이기 때문이다. 언차티드 파워는 이런 종류의 에너지를 '동작 기반의 자가발전 재생 에너지(M.O.R.E.: Motion-based, Off-grid Renewable Energy)'라고 명명하고 세계의 에너지 문제를 해결하겠다는 비전을 제시한다.

친환경 제품을 만들어 보급하겠다는 어느 17세 여학생의 꿈

언차티드 파워는 2011년 5월 미국 하버드 대학 출신인 제시카 매튜스 (Jessica O. Matthews)의 주도로 설립되었다. 사실 그녀의 꿈이 시작된 것은 훨씬 이전이었다. 미국과 나이지리아 복수 국적자였던 매튜스는 17세 때 친척 결혼식에 참석하려고 난생처음 나이지리아를 방문하게 된다. 그런데 전력 공급 상태가 좋지 못해 결혼식 도중 불이 꺼져 급하게 디젤 발전기를 돌리는 상황이 발생한다. 매튜스는 발전기에서 배출된 배기가스 때문에 기침을 심하게 했고 어지러움을 느꼈다. 그리고 이날의 경험은 매튜스로 하여금 친환경 제품을 만들어 보급하겠다는 꿈을 꾸게 만든다.

2008년 하버드 대학에서 심리학과 경제학을 복수 전공하며 3학년에 재학 중이던 매튜스는 공대 수업을 들으며 3명의 친구와 함께 본격적으로 친환경 제품 아이템을 고민하기 시작했고, 운동장에서 공을 가지고 노는 학생들을 보며 축구공을 이용해 에너지를 모아 전력화하는 아이디어를 구상한다. 이후 1년간의 연구와 제작 기간을 거쳐 2009년 축구공 전력기 '소켓(Soccket=Soccer+Socket)'의 첫 번째 시제품을 완성한다.

첫 번째 시제품은 축구공이 위아래로 튕겨지면 안에 든 자석이 흔들려 전류가 유도되는 전자기 유도(induction coil mechanism)의 원리를 이용하여 전기를 생성하였다. 시중에서 쉽게 접할 수 있는 흔들어 사용하는 손전등의 원리와 같다. 하지만 기대만큼 많은 에너지가 생성되지 못해 매튜스는 보다 효과적인 대안을 고민하게 된다. 매튜스는 축구공이 언제나 회전한다는 점에 주목해, 2010년 두 번째 시제품에서는 에너지 수확 방식을 전자기 유도에서 축이 어느 방향으로든 회전하면 에너지를 생성하는 자이로스코프 방식(gyroscopic mechanism)으로 대체한다. 이후 분당 에너지 생성량이 3배 정도 좋아졌다고 한다.

이렇게 생성된 에너지는 축구공에 내장된 충전식 리튬 이온 배터리에 저장되고, 이용자는 축구공에 부착된 콘센트에 플러그를 꽂아 전자제품을 사용할 수 있다. 30분 정도 축구를 할 경우 3시간 동안 사용할 수 있는 전기를 모을 수 있다고 한다.

아이디어의 참신성과 함께 개발도상국들의 전기 문제를 해결하겠다는 취지가 알려지면서 언차티드 파워와 창업자 매튜스는 언론의 주목을 받게 된다. 2010년 CNN은 "휴대전화를 충전하는 축구공"이라는 제목으로 소켓을 소개하면서, "이 제품은 마법"이라는 12세 아이와의 인터뷰 내용을 실었다. 2011년 4월에는 클린턴 글로벌 이니셔티브(Clinton Global Initiative)가 주관하는 회의에 패널로 참석해 빌 클린턴 전 대통령과 같은 단상에 서기도 했고, "소켓은 비싼 전력망을 설치하지 않고도 에너지를 생성할 뿐만 아니라 어려운 가정의 삶의 질을 높여주고 배움의 기회까지 제공하는 특별한 제품…… 매튜스는 진정한 혁신가"라는 극찬을 듣기도 했다. 이후 하버드 재단의 '올해의 과학자'(2012년), 《포브스》의 '30세 이하 유망 30인'(2014년), 《포천》의 '유망 여성 기업가(2015년)에도 연이어 선정되며 세상을 선도하는 여성 혁신 기업가로서의 이미지를 굳건히 한다. 2013년 3월에는 수작업 중심의 생산 공정 개선과 관련 설비 확장 등을 위해 킥스타터에서 모금을 진행하였고 목표액인 7만 5,000달러를 가뿐히 넘겨 9만 2,000달러 펀딩에 성공한다. 또한 세 번째 시제품 소켓을 공개했는데, 무게를 줄이는 동시에 내구성을 키우고 손바닥 크기의 자이로스코프를 내장해 센서 기능도 강화하였다.

●

'한계를 벗어나 생각하기'가 일군 일상의 기적

2013년 12월 언차티드 파워는 소켓에 이어 줄넘기를 하면 에너지가 생성되는 줄넘기 줄 '펄스(Pulse)'를 공개한다. 줄넘기 줄이 회전하면서 발생하는 운동 에너지를 손잡이에 저장해 전기로 이용하는 방식인데, 전기 축적률이 소켓보다 4배 개선되어 15분 줄넘기를 하면 휴대용 LED 램프를 2시간 이상 사용할 수 있다고 한다. 언차티드 파워는 각국 정부와 NGO 단체들을 고객으로 확보하여 2015년 2가지 제품을 통해 600만 달러의 매출을 올렸다. 2015년까지 해마다 매출 총이익도 2배씩 증가하였다고 밝히고 있다.

매튜스는 처음 소켓에 대한 아이디어를 떠올린 후 끊임없이 축구공에 대해 "다르게 사고"하였고 끝내 제품화에 성공했다. 이 과정에서 창의성의 중요성을 체득한 매튜스는 아이들이 어린 시절부터 훈련을 통

언차티드 파워의 축구공 소켓과 줄넘기 줄 펄스. (언차티드 파워 홈페이지 〈https://www.u-pwr. co/〉)

해 창의성을 키우고 유지할 수 있도록 지원하는 프로그램을 구상한다. 실제로 98%의 유치원생들은 관습에 얽매이지 않는 새로운 시각에서 문제를 바라보는 '확산적 사고(divergent thinking)'를 하지만 중학생이 되면 이 비율이 10%로 떨어진다고 한다. 언차티드 파워는 2015년 9월 '한계를 벗어나 생각하기(think out of bounds) 커리큘럼'을 공개하였고, 교육 목적으로 제품을 구매하는 사람들에게 이 커리큘럼을 무료로 제공하고 있다. 커리큘럼에 참여하는 아이들은 축구와 줄넘기를 하면서 미국 정부가 강조하는 STEM(과학, 기술, 공학, 수학)을 자연스럽게 배우고 통념을 깨는 혁신적 사고방식을 연습한다. 예를 들어, 아이들에게 "종이에 그려진 30개의 빈 동그라미를 가지고 사람들이 무엇인지 알아볼 수 있는 물체를 만들어보시오"와 같은 문제를 3분 이

내에 풀게 하고 어떤 의도로 색을 채우거나 위치를 조정했는지 그 사고과정을 묻는다. 언차티드 파워는 2020년까지 100만 명의 아이들을 이 커리큘럼을 통해 가르칠 예정이라고 한다.

언차티드 파워는 모든 사람이 원하는 만큼의 에너지를 자유롭게 사용할 수 있도록 지원한다는 목표를 가지고 움직이는 모든 것에서 발생하는 운동 에너지를 활용할 수 있는 시스템을 개발 중이다. 축구공과 줄넘기 줄뿐 아니라 유모차, 쇼핑카트 등 우리가 일상에서 자연스럽게 이용하는 다양한 이동수단을 통해 사람들이 필요한 에너지를 스스로 모아서 쓸 수 있는 시대가 언차티드 파워를 통해 실현될 수 있을지 주목해보자.

평평한 사회,
결코 미뤄둘 수 없는
인류의 이상

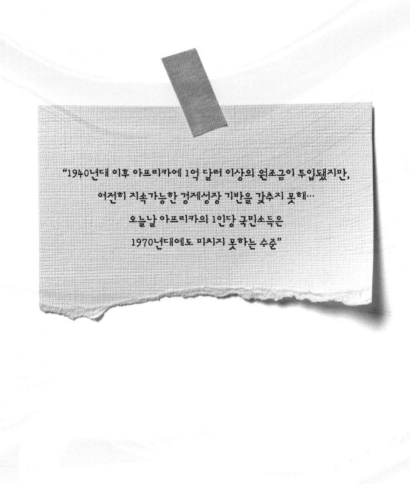

"1940년대 이후 아프리카에 1억 달러 이상의 원조금이 투입됐지만,
여전히 지속가능한 경제성장 기반을 갖추지 못해…
오늘날 아프리카의 1인당 국민소득은
1970년대에도 미치지 못하는 수준"

01

실리콘밸리 대신
아프리카를 택하다

:: **니아루카**(Nyaruka) ::

전 세계에서 아주 많은 사람이 열악한 환경에 처한 아프리카를 돕고 있다. 거액의 원조금을 내놓는 국가도 있고, 기아를 막는 일에 보탬이 되고자 매월 소정의 후원금을 쾌척하는 사람도 많다. 팝스타나 영화배우 같은 유명인들이 오지로 봉사활동을 떠나고, 아프리카를 위한 긴급 구호 자금을 모으기 위해 대중에게 도움을 호소하기도 한다.

그러나 아프리카 잠비아에서 태어나 옥스퍼드 대학에서 경제학을 수학하고 골드만삭스에서 8년간 근무한 경력이 있는 담비사 모요(Dambisa Moyo) 박사는 이를 두고 '죽은 원조(dead aid)'라 칭한다.[1] 모요에 따르면 1940년대 이래로 1억 달러 이상의 원조금을 받아온 아프

---

1 | 담비사 모요 (2012, Original work published in 2009). 《죽은 원조》. 김진경 역. 알마.

리카 국가들은 여전히 부패와 질병, 빈곤에 시달리며 원조 의존의 악순환에서 헤어나지 못하고 있다. 오늘날 아프리카의 1인당 국민소득은 1970년대보다 오히려 낮고, 대부분 국가에서 성인 문맹률이 1980년 이전 수준으로 악화되었다. 아프리카에 투입된 돈이 사회 시스템 개선이나 교육, 생산으로 연결되지 못했을 뿐만 아니라, 원조에 대한 의존과 중독이 오히려 해당 국가의 경제 시스템을 무너뜨렸다는 해석이 나올 수 있는 대목이다.

●
아프리카가 원조금보다 더 필요로 하는 것

최근 아프리카 국가 스스로 사회 시스템을 개선할 수 있도록 하는 대안적 노력이 아프리카 안팎에서 이어지고 있다. 부를 생산하고 고용을 창출할 수 있는 산업 생태계 조성 노력이 대표적이다. 그중에서도 ICT 산업은 큰 투자나 시설 없이도 단기간에 육성 가능한 지식 기반 산업으로서 특히 주목받고 있다. 미국의 두 젊은 프로그래머도 무언가 아프리카에 도움이 되는 일을 하고 싶다는 생각에 뜻을 모아 아프리카에서 직접 회사를 만들기로 결심했는데, 니콜라스 포티어(Nicolas Pottier)와 에릭 뉴커머(Eric Newcomer)가 그 주인공이다.

포티어는 카네기 멜론 대학에서 전산학과 물리학을 공부했고, 아마존닷컴에 근무하면서 고객 상품평 검색 알고리즘을 개발해 특허를 취득한 바 있다. 워싱턴 대학에서 전산학과 경영학을 공부한 바 있는 뉴

니아루카 공동 창립자인 니콜라스 포티어(왼쪽)와 에릭 뉴커머. (니아루카 홈페이지 〈http://nyaruka.com/〉)

커머도 10여 년간 스타트업 업계에 종사하며 창업 경험도 갖고 있는 전문가다. 한 회사에서 우연히 동료로 만나게 된 두 사람은 2010년 의기투합해 '니아루카(Nyaruka)'라는 이름의 모바일 소프트웨어 회사를 세우게 되는데, 회사가 위치한 곳은 미국 실리콘밸리가 아니라 놀랍게도 르완다의 수도 키갈리였다. 니아루카는 "어서 움직여"라는 뜻의 르완다 말이다.[2]

아프리카 중동부에 위치한 르완다는 우리에게 학살과 내전이라는 가슴 아픈 단어들로 각인된 나라이다. 아프리카통일기구(OAU: Organization of African Unity)가 추산한 바로는, 1994년 르완다 대학살 당시 인구 약 650만 명 중 50만 명에서 100만 명가량이 목숨을 잃었다.[3] 2017년 현재에도 르완다는 1인당 국내총생산(GDP)이 750달러

---

2 | 니아루카 홈페이지 〈http://nyaruka.com/〉.

3 | Harsch, E. (1998). OAU sets inquiry into Rwanda genocide: A determination to search for Africa's own truth, Africa Recovery, 12(1), 4.

정도에 불과한 최빈국 중 한 곳이다.[4]

그러나 이면을 들여다보면 르완다는 기술을 기반으로 삼아 가난에서 벗어나 더 나은 사회를 만들고자 하는 국민의 노력이 빛을 발하는 국가다. 인구의 60%가 24세 이하의 젊은이들이며, 이들은 스스로 일자리를 만들기 위해 창업에 적극적이다. 정부도 젊은이들이 마음껏 기업 활동을 할 수 있는 생태계 조성에 부심한다. 이를테면 법인 등록을 하는 데 통상적으로는 수개월이 소요되지만 이 절차를 한 건물에서 3시간 안에 끝낼 수 있도록 해주었고, 1억 달러 규모의 '르완다 이노베이션 펀드'를 론칭해 해외 자금을 유치하고 있다. 유망한 아이디어를 나누는 장으로서 해커톤(hackathon)을 여러 차례 개최하기도 했다. 또한 해외 IT 인력의 비자 발급도 간소화했다. 세계은행(World Bank)이 해마다 전 세계 국가를 대상으로 창업, 건축 인허가, 자금 조달 등 기업하기 좋은 환경인지를 평가하는 〈기업환경평가 2017(Doing Business 2017)〉 종합 순위에서 르완다는 아프리카 국가 중 모리셔스에 이어 2위, 전 세계 190개국 중에서는 56위를 차지했다.[5]

포티어와 뉴커머는 바로 이러한 르완다의 노력에 깊은 감명을 받아, 건강한 ICT 생태계 조성에 도움이 되는 씨앗을 만들고 르완다 젊은이들을 고무할 수 있는 롤 모델이 되고 싶었던 것이다.

---

4 | IMF (2017. 10). World Economic Outlook.

5 | World Bank Group (2016. 10. 25). Doing Business 2017.

아프리카 현지에 가장 적합한 서비스를 제공

니아루카는 초기에는 주로 IT 컨설팅 서비스를 제공하며 수익을 냈다. IT 시스템을 구축해 사용하려는 고객에게 솔루션을 판매한 것이다. 아프리카가 필요로 하는 특정 상품이나 소프트웨어를 만들어 팔기보다는 고객이 원하는 바에 따라 적합한 기술을 만들어주는 방식이었다. 그러다 점차 사업 경험이 쌓이자 고객들이 주로 찾는 유사한 기술을 묶어 '텍스트잇(Text It)'이라는 모바일 플랫폼을 만들었다.[6]

아프리카는 아직까지 스마트폰 사용률이 낮고 도리어 피처폰 사용률은 높다. 인터넷에 접속해 아프리카 생활에 필요한 정보를 찾는 것도 쉽지 않다. 텍스트잇은 휴대폰 문자메시지(SMS) 기능을 기반으로 다양한 애플리케이션을 만들어 운영할 수 있도록 지원하는 플랫폼이다. 피처폰 사용자도 마치 인터넷에 연결된 것처럼 다양한 정보 서비스를 이용할 수 있는 기반 시스템을 제공한다. 주로 공공기관이 국민과 직접 소통하는 앱 서비스를 만드는 데 활용하고 있는데, 국민들이 문자메시지를 이용해 공공기관에 문의하고 이에 대한 답변이나 정보 역시 문자메시지 형태로 받아보는 식이다. 니아루카는 문자 내용이 맥락에 맞게 자동으로 생성되도록 프로그래밍하거나 각종 통계를 쉽게 시각화(visualization)할 수 있는 기능까지 제공해 플랫폼의 쓰임새를

6 | 텍스트잇 홈페이지 〈http://textit.in/〉.

높였다. 현재 아프리카 여러 정부가 텍스트잇을 교육, 의료, 농업 등 다양한 분야에서 국민과 소통하는 데 활용 중이다.

텍스트잇의 핵심은 '플로우(Flow)'라는 알고리즘이다. 플로우는 사용자에게 질문을 전송한 후 답변을 받으면 그 내용에 따라 사용자별

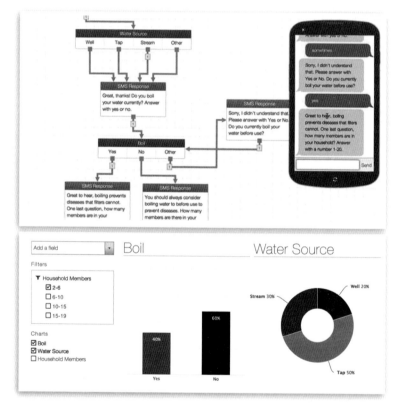

▍텍스트잇의 핵심인 '플로우' 엔진. 텍스트잇을 활용하는 기업이나 기관은 전송할 문자메시지를 작성하고, 예상 답변별로 후속 메시지가 무엇이 되어야 할지 화살표를 그어주는 것만으로 다수와 쉽게 커뮤니케이션할 수 있다(위). 또한 답변 통계는 웹상에서 실시간으로 확인 가능하다(아래). (텍스트잇 홈페이지 〈https://textit.in/〉)

로 물어봐야 하는 다음 질문을 자동으로 생성해주는 프로그램이다. 예컨대 이런 경우를 생각해보자. 우간다 정부가 국민의 식수 현황을 조사하고자 국민들에게 "물을 주로 어디에서 구하느냐"라는 객관식 질문을 보냈다. 이에 상수도가 아닌 '우물'이나 '강'이라고 답변한 사람들에게는 '그 물을 끓여서 먹느냐, 그냥 먹느냐'라는 후속 질문을 자동으로 유추해서 보내는 것이다. 이런 방식으로 주고받은 질문과 답변은 시스템에 취합되어 실시간으로 분석되고, 이는 정부가 정책 입안에 활용할 소중한 정보로서 서버에 축적된다.

현재 니아루카의 최대 고객은 유니세프(UNICEF)이며, 그 덕분에 니아루카가 전 세계에 이름을 알릴 수 있었다. 유니세프는 니아루카의 텍스트잇 기술을 이용해 '래피드프로(RapidPro)'[7]라는 오픈소스 플랫폼을 구축해 운영 중이다. 래피드프로란 쉽게 말해 SMS 통신을 기반으로 하는 인터넷이며 또한 앱스토어이기도 하다. 유니세프는 이를 "좋은 일에 쓰이는 앱스토어(app store for good)"라고 설명한다. 유니세프는 래피드프로를 통해 다양한 모바일 애플리케이션을 배포하는데, 그 대부분은 의료 시설이나 학교 교육 기회로부터 소외된 아프리카 사람들에게 도움을 주는 것들이다.

래피드프로를 통해 배포되는 앱 중에 가장 대표적인 것이 '엠히어로

<hr>

7 | "UNICEF launches 'app store for good'" (2014. 9. 22). UNICEF Press Release. 〈http://www.unicef.org/media/media_75996.html〉; 래피드프로 홈페이지 〈http://www.rapidpro.io/〉.

(mHero)[8]다. 이 앱은 2014년 서아프리카의 에볼라 창궐을 소강시키는 데 크게 기여했다. 엠히어로를 통해 각 지역의 환자 수, 의심 환자, 약물 보유량 등의 정보가 의료진과 각국 정부 사이에 실시간으로 공유되었던 것이다. 이 정보를 분석함으로써 의료 당국은 에볼라 의심 환자의 위치를 파악해 즉시 조처할 수 있었고, 환자가 발생한 장소와 시간을 토대로 에볼라의 다음 확산 경로를 예측할 수 있었다.

'유―리포트(U-Report)'라는 앱은 잠비아 국민에게 에이즈 관련 정보를 더 빨리 더 널리 제공함으로써 치료 시기를 앞당기고 감염을 막는 데 도움이 되고 있다. 잠비아 역시 여타 사하라 이남 국가들처럼 높은 에이즈 유병률로 고통받고 있는데, 인구 1,600만 명 중 에이즈 보균자가 120만 명에 이르는 것으로 추산된다. 자신이 에이즈 바이러스에 감염됐는지 여부도 모르는 국민들도 부지기수다. 유―리포트는 에이즈 보균자가 아닌지 스스로 의심이 되는 경우 휴대폰을 통해 의료진과 소통할 수 있는 접점을 제공한다. 개인의 신원은 익명으로 보호된다. 2012년 배포된 이후 5만 명 이상의 젊은이가 이 앱을 이용해 상담을 받았으며, 그들 중 40%가 자발적으로 보건소나 병원을 찾아 에이즈 감염 여부를 검사했다. 이는 잠비아 전 인구의 자발적 에이즈 검사율 24%를 훌쩍 넘는 수치이다.[9]

---

8 | 'mobile Health worker Ebola Response and Outreach'의 약자.

9 | UNICEF Innovation 웹사이트 〈http://www.unicef.org/innovation/innovation_75975.html〉.

▌의료 정보 공유 앱 '엠트레이스'의 작동 원리와 이를 활용하는 방법을 교육하는 모습. (우간다 엠
트레이스 홈페이지 ⟨http://www.mtrac.ug/⟩)

한편 '엠트레이스(mTrac)'는 정부와 의료기관, 국민이 각종 의료 정
보를 공유하고 소통할 수 있도록 한 앱이다. 예를 들어, 의료시설이 열
악한 지역에서 아이가 태어나면 부모는 엠트레이스를 이용해 정부에
아이의 키와 몸무게 등을 전송한다. 정부는 이를 확인하고 "아이의 체
중이 평균보다 약 7% 낮네요. 근처 모로토 보건소에 방문해보세요"
같은 필요 정보를 회신한다.

또 '래피드 FTR(Rapid FTR; Rapid Family Tracing and Reunification)'
이라는 앱은 각종 재난으로 헤어진 가족을 찾아 만날 수 있도록 돕는
다. 예컨대 자원봉사자가 가족과 떨어져 홀로 남겨진 아이의 사진과
정보를 래피드 FTR에 올리면 이를 보고 가족들이 아이를 찾을 수 있
는 것이다.

유니세프는 앞으로 통신사 에어텔과 손잡고 케냐, 르완다, 탄자니아
등 아프리카 17개국에서 래피드프로를 무료로 이용할 수 있도록 확대

할 계획이다.

●

기존의 원조와는 전혀 다른 가치를 제공하다

래피드프로를 운영하고 있는 유니세프 글로벌 이노베이션 센터장 샤
랴드 사프라(Sharad Sapra) 박사는 "우리는 일반 국민에게 받아들여지
는 해법과 아이디어를 찾고 있다"라고 말한다. 국민들 스스로 변화하
고 있다는 점에서 분명 기존의 원조와는 다른 가치를 제공하고 있는
것으로 보인다.

그러나 엄밀히 말해, 니아루카는 봉사기관이 아니라 영리를 추구하
는 기업이다. 래피드프로 시스템을 도입하고 싶은 정부나 기관은 구축
에 필요한 서버 등의 인프라를 필요로 하는데 니아루카는 바로 이러
한 인프라를 호스팅해준다. 이것이 니아루카의 주된 수입원이며, 니아
루카의 지속가능한 성장 기반이다.

포티어와 뉴커머는 애초의 포부대로 르완다 ICT 생태계의 발전을
위해 르완다 현지인을 개발자로 채용해 교육하는 데 주력할 예정이다.
현지에서 좋은 개발자를 양성하는 것은 니아루카의 지속적 발전을 위
해서도 필요한 일이다. 그래서 지난 2012년에는 르완다 정부, 몇몇 기
업과 함께 개발자와 창업가를 위한 오픈 스페이스 'k랩(kLab)'을 설립
했다. 뉴커머는 "k랩이 기술에 관심을 가진 르완다 국민들의 구심점이
자 창업의 플랫폼이 되길 원한다"라고 말한다. k랩은 10년 후쯤 기업

가치 5,000만 달러 이상인 기업 100개를 키워내는 것을 목표로 하고 있다.

"기술이 빈곤, 부패, 질병 등 아프리카가 처한 문제를 완전히 해결할 수는 없겠지만, 문제를 조금 더 쉬운 방식으로 해결해줄 것이다"라는 포티어의 말처럼 앞으로 아프리카에서 탄생할 스타트업들이 아프리카 산업과 경제, 사회에 어떤 좋은 영향을 미칠지 주목된다.

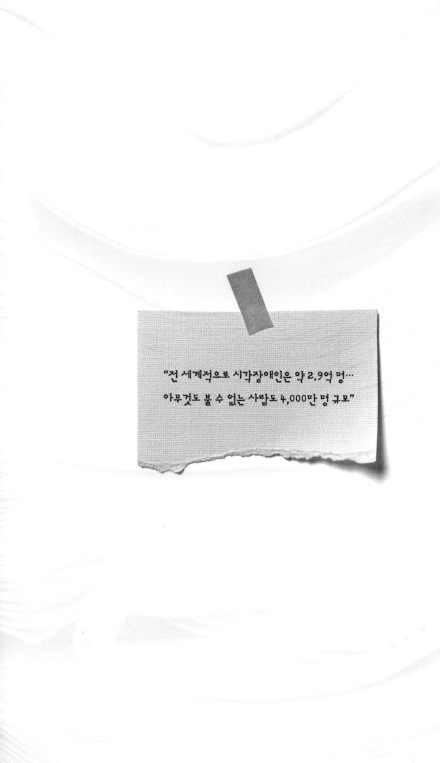

02

당신도 시각장애인들을 위한
눈이 되어줄 수 있다!

:: 비 마이 아이즈(Be My Eyes) ::

덴마크 코펜하겐에서 시작한 '비 마이 아이즈(Be My Eyes)'는 크라우드 소싱(crowd sourcing)[10] 방식으로 시각장애인의 불편을 해결해주는 비영리 스타트업이다. 시각장애인이 언제 어디서나 누군가의 '눈을 잠시 빌릴' 수 있도록, 시각장애인과 자원봉사자를 실시간 영상통화로 매칭해주는 스마트폰 앱이 대표 서비스이다.

●

일대일에서 다수 대 다수로, 돕는 방식을 바꾼 획기적인 앱

비 마이 아이즈 앱의 이용 방법은 간단하다. 스마트폰에 비 마이 아이

---

10 | '대중(crowd)'과 '외부발주(outsourcing)'의 합성어로, 제품 생산이나 서비스 활동에 대중을 참여시키는 방식을 뜻한다.

즈 앱을 설치하여 처음 실행할 때 우선 사용자가 시각장애인인지 자원봉사자인지를 선택한다. 시각장애인으로 등록된 사용자가 앱을 통해 도움을 요청하면 자원봉사자로 등록한 사용자와 일대일 화상통화로 연결된다. 이때부터 시각장애인 스마트폰의 카메라에서 촬영한 영상이 자원봉사자 스마트폰으로 실시간 전송되고 양방향 음성통화가 시작되는데 서로 가볍게 인사한 후 도움을 주고받으면 된다. 이를테면 냉장고에 있는 우유의 유통기한이 지났는지 등 일상의 소소한 일부터 바닥에 떨어진 반지를 찾는 것 같은 다소 어려운 작업까지 도움을 받을 수 있다. 자원봉사자에게도 부담은 없다. 만약 통화가 어려운 상황일 경우에는 도움 요청을 받아들이지 않을 수 있고, 그러면 그 요청은 다른 자원봉사자한테 넘겨진다. 마침 가볍게 일 분 정도 시간을 낼 수 있는 상황이라면 요청에 응답해 도움을 제공하면 된다. 일상생활을 하다 보면 버스를 기다리거나 식당에서 주문한 음식을 기다리거나 하느라 어쩔 수 없이 버려지는 시간이 생기기 마련인데, 비 마이 아이즈 앱을 통해 그런 시간을 누군가를 돕는 데 사용할 수 있게 되는 것이다.

비 마이 아이즈 이전에도 스마트폰은 시각장애인의 삶의 질을 획기적으로 개선했다. 애플 페이스타임, 구글 행아웃 등 스마트폰 기반의 무료 영상통화 서비스가 보급되면서 도움이 필요한 시각장애인은 멀리 떨어져 있는 가족, 친구로부터 실시간 도움을 받기가 쉬워졌다. 또 한편으로는 최신 이미지 인식 기술에 기반을 두는 탭탭시(TapTapSee), KNFB 리더(KNFB Reader) 등 시각장애인 도우미 앱들이 등장했는데,

▌ 비 마이 아이즈를 이용해 제품의 유통기한을 확인하는 모습. (비 마이 아이즈 홈페이지 〈http://bemyeyes.com〉)

이들은 스마트폰 카메라로 촬영한 영상이나 사진에 담긴 사물이나 텍스트를 인식하고 음성으로 사용자에게 인식 결과를 전달한다. 그러나 2가지 방식 모두 불편함이 있다. 인공지능에 기반한 스마트폰 앱은 아직 충분히 '스마트'하지 않아 간단한 사물 인식 이외에는 활용이 어렵고 복잡한 상황에서는 별 도움이 안 되기 때문이다. 게다가 가족이나 친구에게 수시로 영상통화로 도움을 요청하기도 시각장애인 입장에서는 부담스러울 수밖에 없다. 혹시라도 지인들이 통화 요청에 실시간으로 응답하지 못하면 다른 대안이 없고 그런 탓에 심각한 경우에는 위험에 처할 수도 있게 된다. 비 마이 아이즈는 도움을 주고받는 관계를 일대일에서 다수 대 다수로 확장함으로써 이러한 문제를 해결하였다.

'캐주얼 자원봉사'의 길을 열다!

비 마이 아이즈 창업자 한스 요르겐 위버(Hans Jørgen Wiberg)는 본인이 시각장애인이다. 그는 스마트폰 영상통화로 친구들의 도움을 여러 번 받게 되면서 단순하지만 획기적인 아이디어를 떠올렸다. 바로 가족 또는 친구 관계에 한정되지 않은, 전 세계적으로 시각적 도움이 필요한 사람들과 도움을 주려는 사람들을 실시간 매칭하는 플랫폼을 구축하는 것이었다. 어쩌면 시각장애인과 자원봉사자를 위한 '우버(Uber)'라고 이해해도 되겠다. 우버가 이동 수요와 유휴 차량을 실시간 매칭하여 차량의 활용 효율을 극대화한 것처럼 비 마이 아이즈는 시각이라는 자원을 효율적으로 배치한다. 더군다나 공간의 제약이 없기 때문에 글로벌 차원에서 수요와 공급을 최적으로 연결해준다. 가족 또는 친구들이 잠든 새벽 시간일지라도 지구 반대편의 누군가는 기꺼이 도움을 제공할 수 있는 것이다.

이 아이디어를 갖고 한스는 지역의 스타트업 모임에 참석했고, 동업자와 후원금을 쉽게 확보할 수 있었다. 그리하여 2015년 1월 비 마이 아이즈 앱을 출시했다. 반응은 뜨거웠다. 출시 직후 12일간 9만 9,000명의 자원봉사자와 8,000명의 시각장애인이 등록했다. 2016년 6월 기준으로는 2.6만 명의 시각장애인과 35만 명의 자원봉사자가 등록되어 있으며, 140여 개국에서 80여 종 언어로 서비스가 제공되고 있다.

가장 놀라운 점은 자원봉사자들의 적극적 참여다. 다른 사람을 돕

고 싶은 마음이야 누구에게나 있겠지만 일상적인 생활에서 벗어나 자원봉사에 참여한다는 것은 사실 웬만한 의지로는 쉽지 않은 일이다. 하지만 스마트폰의 확산과 더불어 새로운 가능성이 열렸다. 스마트폰을 이용해 언제 어디서나 게임을 즐기고 친구와 연락을 하는 것처럼, 언제 어디서나 자투리 시간을 이용해 자원봉사를 할 수 있는 '캐주얼 자원봉사(casual volunteer)' 또는 '마이크로 자원봉사(micro-volunteer)' 기회가 열린 것이다.

'시각장애'라는 빅 프라블럼에 단순하지만 효과적인 해결책을 제시한 비 마이 아이즈에 대한 사회적 평가는 아주 좋았다. 2015년 6월 세계 최고 권위의 디자인 공모전인 '인덱스 어워드(INDEX Award)' 파이널리스트(finalist)에 선정되었고, 같은 해 10월에는 미국의 과학 잡지

《포퓰러 사이언스(*Popular Science*)》가 선정한 '베스트 앱'에 선정되었으며, 혁신적 소셜 테크(social tech)[11] 프로젝트를 선정하는 '노미넷 트러스트(Nominet Trust) 100'에도 포함되었다.

●

소셜 테크 기업을 넘어 유토피아적 미래를 열다

현재 비 마이 아이즈는 별도의 수익모델은 없지만 지역 및 테크 커뮤니티의 자금 및 기술 지원을 받아 안정적으로 발전해나가고 있다. 창업 초기에는 덴마크 자선단체 벨룩스 파운데이션스(Velux Foundations)로부터 자금 후원을 받았으며 현지 소프트웨어 개발업체 '로보캣(RoboCat)'으로부터 앱 개발을 지원받았다. 2015년 가을부터는 실리콘밸리로 이주해 테크 싱크탱크이자 인큐베이터로 유명한 싱귤래리티 대학으로부터 투자 및 창업 지원을 받게 된다. 그리고 2016년 6월부터는 같은 덴마크 출신의 창업자가 설립한 나스닥 상장기업 젠데스크(Zendesk)와 파트너십을 맺었다. 클라우드 기반의 헬프 데스크 시스템[12]을 제공하는 젠데스크는 비 마이 아이즈에 멘토링과 자금을 지원할 뿐만 아니라, 비 마이 아이즈 서비스를 젠데스크가 제공하는 헬프 데스크 시스템에 연결할 계획이다. 이렇게 되면 젠데스크 시스템

---

11 | 사회적 문제를 기술로 해결하는 접근 방식을 일컫는다.

12 | 고객서비스 센터 업무를 위한 클라우드 플랫폼으로서, 우버, 슬랙(Slack) 등 스타 업체를 고객으로 보유하고 있다.

을 이용하는 모든 기업의 고객센터 직원들은 작업을 하는 사이사이에 시각장애인의 도움 요청을 수락해 잠시 도와줄 수 있게 된다. 단순 반복 작업에 지친 고객센터 직원 입장에서는 잠시 충전 시간을 가지며 스트레스를 해소할 수 있고, 젠데스크 시스템을 이용하는 기업은 보다 손쉽게 사회공헌 활동에 참여하게 되는 것이며, 비 마이 아이즈 사용자는 더 즉각적인 도움을 받게 되어 모두가 윈윈(win-win)할 수 있는 협력 체계가 구축되는 셈이다.

비 마이 아이즈의 영향력은 앞으로 더욱더 확장될 것으로 예상한다. 세계보건기구(WHO)의 2014년 통계에 따르면 글로벌 차원에서 약 2.9억 명이 시각장애를 겪고 있다. 인구 고령화와 잦은 전자기기 사용으로 인해 이 숫자는 지속적으로 증가할 전망이어서, 그 누구도 비 마이 아이즈를 통해 도움을 받지 않으리라는 보장은 없다.

또 한편, 비 마이 아이즈가 대표하는 '마이크로 자원봉사' 혁신은 결코 시각장애로만 한정될 이유가 없다. 전자기기, 통신기술, 소프트웨어의 지속적 발전에 의해 시각적 도움 이외에도 다른 형태의 도움이 스마트폰 등 휴대용 단말기에 의해 가능하게 되지 않을까? 누구나 스마트폰을 통해 잠시나마 누군가의 눈이나 귀, 입, 손이 되어주고 누구든 도움이 필요할 때 전 인류로부터 도움을 받을 수 있는 유토피아적 미래가 열릴 수도 있는 것이다.

03

노인들을 위한
신용카드사

:: 트루 링크 파이낸셜(True Link Financial) ::

스타트업은 창업자 개인의 니즈나 불만에서 시작되는 경우가
종종 있다. 런던 소재 핀테크 스타트업 '트랜스퍼와이즈(TransferWise)'
의 창업자 타벳 힌리커스(Taavet Hinrikus)와 크리스토 카만(Kristo
Käärmann)은 영국에서 받은 월급을 고향인 에스토니아로 보낼 때 발
생하는 환전 수수료를 아낄 수 있는 방법을 고민하다가 크라우드 소
싱 방식의 개인과 개인 간(P2P; peer to peer) 환전 서비스를[13] 고안하
였다. 이와 유사하게 노인들에게 필요한 서비스를 제공하는 '실버케어'
스타트업의 창업자들도 부모나 조부모가 겪는 문제를 옆에서 목격하

---

13 | 사용자가 A국가에서 B국가로 환전해 송금하고자 할 때, 반대로 B국가에서 A국가로 환전해 송금하
고자 하는 사용자를 매칭해 돈을 입금해준다. 결과적으로 돈이 실제로 국경을 넘는 게 아니기 때문
에 수수료가 저렴하다.

고 경험하면서 해결 방법을 고민하다가 사업을 시작하게 되는 경우가 많다.

●

또 하나의 사회문제, 금융사기에 노출되는 노인들

노령화 사회로 접어들면서 급증하는 노인 인구와 함께 여러 가지 사회문제도 빈발하고 있다. 고령화와 함께 부상하는 대표적 사회문제로는 노동력 부족이나 젊은 층의 노인 부양에 대한 부담 증가, 복지비 지출 증가 등을 들 수 있다. 더군다나 이러한 사회문제는 노인들의 재정 상태가 불안정해지거나 아예 무너지면 더욱 심화될 수밖에 없다. 그런 점에서 노인들의 재정 상태 관리는 노인의 생존을 위해, 그리고 인간적 삶을 장기간 영위하기 위해 필수적인 일이며, 이들을 부양하는 가족과 지역사회를 위해서도 긴요하다. 그런데 현실적으로 볼 때 가족들이 일일이 노인의 동선을 파악한다든지, 카드 사용 및 통장 출금 내역 등을 관리하기란 쉽지가 않다. 가장 우려스러운 점은 판단력이 흐려진 노인들이 범죄의 타깃이 되어 큰 피해를 입을 수 있다는 점이다.

실제로 미국은퇴자협회(AARP: American Association of Retired Persons)는 노인들이 금융사기로 인해 매년 잃는 돈이 30억 달러에 이르는 것으로 추정한다. 또한 알리안츠생명의 2016년 보고서에 따르면, 미국 노인의 37%가 금융사기의 피해를 입는 것으로 나타났다. 우리나라도 스팸 전화나 문자로 인한 피싱사기에 적지 않은 노인들이 피해를 입고 있으나 효과적인 대책은 아직 나오고 있지 않다. 그저 지방자치단체 단위로 노인들을 대상으로 하는 피싱사기를 피하는 방법 등에 대해 간단히 일러주는 정도다. 반면 해외에서는 이러한 문제를 기술적 방법으로 해결하고, 나아가 그 가족들이 노인의 소비와 재정 상태를 적극 관리할 수 있는 서비스를 제공하는 스타트업이 등장하고 있다.

그중 하나인 '트루 링크 파이낸셜(True Link Financial)'은 노인들을 위한 신용카드사다. 트루 링크 파이낸셜의 공동 설립자이자 CEO인 카이 스틴치콤(Kai Stinchcombe) 역시 자신의 할머니에게 일어난 일련의 사건을 겪고 나서 노인을 위한 서비스를 구상하게 되었다.

카이 스틴치콤의 할머니 루스(Ruth)는 교사 생활을 하다 은퇴한 이후 치매를 앓게 되었다. 판단력이 떨어지고 외로움을 겪던 루스는 텔레마케터의 전화나 외판원의 방문이 반가웠고 그들의 부탁을 거절하지 못해 필요하지 않은 물건을 사기 일쑤였다. 치매가 더욱 심해지면서 신용카드 사기로 4만 달러의 돈을 잃기도 했고 여동생을 가장한 사람에게 속아 수천 달러를 상대 계좌로 송금해주기도 했다. 어느 날 스틴치콤은 할머니가 수십 개에 달하는 정체불명의 단체에 매달 후원금을 보내고 있으며 8년간 10만 달러에 이르는 돈이 기부되었다는 사실을 발견하게 된다. 스틴치콤은 할머니가 거래하는 은행에 몇 번이고 전화를 걸어 잃어버린 돈의 일부라도 찾고자 노력했지만 헛수고였다.

이 일이 있고 나서 몇 년 뒤, 그는 노인과 지적 장애가 있는 사람들을 위한 신용카드사를 만들기로 결심한다. 이렇게 탄생한 스타트업이

트루 링크 비자카드. (트루 링크 파이낸셜 홈페이지 〈https://www.truelinkfinancial.com/〉)

바로 트루 링크 파이낸셜인 것이다. 2013년 서비스를 시작한 이 기업은 실리콘밸리에서 형성되고 있는 '실버케어' 스타트업의 선봉장이기도 하다.

●

철저한 금융 관리 서비스로 노인의 독립적·자립적 소비를 돕다

트루 링크 파이낸셜이 제공하는 서비스는 노인의 가족들이 노인의 재정 상태를 확인하고 편리하게 관리할 수 있도록 도와준다. 가족들은 트루 링크 파이낸셜 사이트나 전화로 비자(Visa)의 선불형 직불카드 발급을 신청하고 카드를 사용할 노인의 정보를 입력한다. 며칠 뒤 트루 링크 카드를 받으면 당좌예금 계좌도 함께 개설되는데, 보호자는 이 계좌로 노인이 소비할 돈을 직접 입금하거나 은행 계좌 연동으로 자동이체를 할 수 있다.

▌ 모바일 SMS로 전송되는 결제 내역 예시. (트루 링크 파이낸셜 홈페이지 〈https://www.truelinkfinancial.com/〉)

트루 링크 카드를 사용할 경우, 보호자는 노인이 사용하는 직불카드에 다양한 안전장치를 적용할 수 있다. 트루 링크 파이낸셜이 제공하는 '블랙리스트'를 참고해 금융 사기가 의심되는 특정 단체에 대해서는 출금을 차단할 수 있고, 잡지 구독 같은 특정 서비스 이용을 제한할 수도 있다. 특정 상점에서는 결제 가능한 금액을 제한해두거나 ATM 최대 인출 금액을 지정하는 등 매우 세부적인 내용까지 관리가 가능하다.

노인들이 직불카드로 결제하는 모든 내역은 보호자에게 문자메시지로 전송되며, 당연히 트루 링크 파이낸셜 사이트에서도 거래 내역을 확인할 수 있다. 가족이 설정한 제한 내역 이외에도 의심스럽거나 평소와 다른 지출이 발생하면 트루 링크 파이낸셜이 이를 감지해 가족 구성원에게 문자나 메일로 알려주기도 한다. 이 모든 서비스를 이용하는 데 들어가는 비용이 월 10달러로 저렴한 데 반해 트루 링크 서비스

▌트루 링크 파이낸셜에서는 서비스 범위를 넓혀 은퇴한 노년층을 위한 투자 및 재무 상담 서비스 (Investment Services for Retirees), 청소년·간병인 등의 소비를 모니터링하기 위한 맞춤형 직불 카드 서비스(Customizable True Link Cards), 신탁 관리자·후견인·수탁자 등을 위한 재무 상담 서비스(Trust Investment and Management) 등을 제공하고 있다. (트루 링크 파이낸셜 홈페이지 〈https://www.truelinkfinancial.com/〉)

이용으로 절약되는 돈은 월평균 195달러에 이르는 것으로 나타났다.

물론 아무리 노인이지만 그들의 사생활에 지나치게 간섭하며 자유를 제한한다는 비판도 나올 수 있다. 하지만 이 서비스의 본질은 가족들이 간접적 방식으로 노인들의 소비를 조절하도록 함으로써 사기 피해에 노출될 가능성을 미리 차단하여 결과적으로 노인들이 '독립적이고 자립적인' 소비를 할 수 있도록 유도한다는 데 의미가 있다.

트루 링크 파이낸셜은 지금까지 투자자와 스타트업 중개 플랫폼 엔젤리스트(Angelist) 등을 통해 총 340만 달러를 투자받았다. 또한 중·장년층과 여성을 대상으로 한 창업 교육 단체인 '에이징 2.0(Aging 2.0)'이 진행하는 '제너레이터(GENerator)' 프로그램에 제휴 업체로 참여하는 등 활발하게 사업을 추진해나가고 있다. 트루 링크 파이낸셜은 투자받은 금액의 상당 부분을 기술개발에 재투자하면서 자산 관리 및 신용도 관리와 같은 다양한 서비스를 추가해나가고 있다.

향후 지적 장애를 가진 가족을 둔 사람들을 비롯해, 청소년 자녀의 소비생활을 관리하고 싶은 부모에게도 서비스를 제공할 계획이다. 이 뿐 아니라 자신의 소비생활을 구체적으로 또 체계적으로 이해하여 계획적 소비를 하려는 니즈를 가진 일반인에게도 트루 링크 파이낸셜이 제공하는 서비스는 매력적일 것이다.

현재 어느 나라 못지않게 빠른 속도로 고령화가 진행되고 있는 우리나라에서도 곧 이와 같은 다양한 실버케어 서비스가 등장하지 않을까 기대하게 된다.

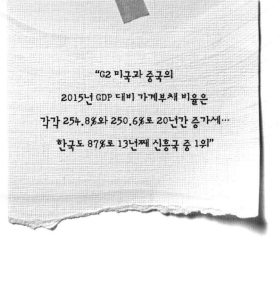

"G2 미국과 중국의
2015년 GDP 대비 가계부채 비율은
각각 254.8%와 250.6%로 20년간 증가세…
한국도 87%로 13년째 신흥국 중 1위"

04

고객이 더 빨리 빚을 갚도록
도와주는 이상한 대출 업체

:: 페이오프(Payoff) ::

"우리는 고객이 빨리 빚을 '상환(pay off)'하게 도울 것이며 부채 확대가
아닌 부채 감소를 지향합니다."

P2P 대출[14] 업체 '페이오프(Payoff)'의 창업자 스콧 선더스(Scott Saunders)가 《파이낸셜 타임스》와의 인터뷰에서 한 말이다. 대출 업체가 부채 감소를 지향한다고 하니 무슨 의미로 하는 말인지 쉽게 와 닿지 않는다. 하지만 페이오프가 정확히 어떤 일을 하는지는 "고객이 빨리 빚을 상환하게 도울 것"이라는 말에서 그 실마리를 찾을 수 있다.

---

14 | 금융 서비스에 IT가 접목되었다는 의미의 '핀테크' 서비스가 급증하는 가운데 등장한 대표적 서비스로, 금융기관을 거치지 않고 온라인 플랫폼을 통해 개인끼리 자금을 거래하는 서비스. 일반적으로 사설 대부 업체의 이자율보다 훨씬 낮은 8~10%대 중금리로 서비스를 제공하기 때문에 현재 매우 빠르게 확산되는 추세다.

빚을 빨리 갚으면, 즉 대출금 상환율이 높아지면 돈을 빌린 사람도, 빌려준 사람도 이득이다. 돈을 빌린 사람은 대출금을 제때 상환함으로써 신용등급을 잘 관리할 수 있다. 신용등급은 개인의 상환 능력과 의지를 가늠하는 지표로서 대출 가능 여부부터 대출 가능 금액과 기간, 또 가장 중요한 금리 등을 결정하는 기준이다. 신용등급이 제대로 관리되지 않으면 금리가 높아지고 대출을 받는 데에도 여러 제약이 따르게 된다. 신용등급이 너무 낮아지면 제도권 금융기관, 즉 은행에서 대출을 받기가 어려울 수 있고 금리가 높은 제2금융, 제3금융 등 사금융권으로 밀려나게 된다. 그러다 결국에는 이자나 대출금을 감당하지 못해 신용도가 더 하락하거나 재정 상황이 나빠지는 악순환을 겪을 수도 있다. 개개인의 부채 상환율이 높아지면 이러한 개인의 신용 위험이 줄어들 뿐 아니라 금융기관도 부실채권 위험성이 감소하여 또 다른 고객들의 재산을 안전하게 관리할 수 있다.

페이오프는 대출금 상환율을 높이기 위해 대출심사를 엄격하게 하고 있다. 그러나 상환을 독촉하는 대신 사전에 대출받는 사람의 상환 능력과 의지를 정확히 평가하는 데 초점을 맞추고 있다. 개인화된 신용평가를 통해 맞춤형 금리를 산출해주며 대출금 상환을 위해 적절한 소비습관을 코칭해주는 서비스까지 제공한다. 그런데 이렇게 개인별로 맞춤형 서비스를 제공하는 데 활용되는 데이터가 좀 특이하다.

아주 특별한 방식의 신용평가

기존의 일반적인 신용평가는 사실 몇 가지 문제점이 있다. 일단 신용 조회회사(CB: Credit Bureau)나 은행이 신용평가를 위해 활용할 수 있는 정보가 많지 않다. 주로 사용하는 정보도 연체 사실이나 부채 수준 등 부정적인 정보다. 또한 신용등급은 상환 이력 등 과거 데이터를 근거로 미래에 연체가 발생할 가능성을 점수화하는 것이기 때문에 현재의 상환 능력이나 의지를 보여주기 어렵다.

페이오프는 신용을 평가하는 데 개인의 금융 관련 정보나 대출 이력 등을 사용하지 않는다. 그 대신 간단한 설문을 통해 개개인의 인성을 평가하며, 이 결과를 이전에 상습 연체한 사람들에 대해 분석한 결과와 비교해 신용도를 측정한다. 페이오프의 이러한 '인성평가 대출 시스템'은 심리측정학(psychometrics)[15]에 기반해 만들어진 것으로 온라인 결혼 중개회사 이하모니(eHarmony)의 최고과학책임자(CSO: Chief Science Officer)로서 매칭 엔진 개발에 참여한 갈렌 벅월터(Galen Buckwalter)가 개발을 주도했다. 이 평가 프로그램에 따라, 대출 신청자들은 30초면 끝나는 간단한 인성평가 퀴즈(Financial Personality Quiz)를 거쳐 최종적으로 10가지 유형 중 하나로 분류된다.

그런데 고객을 세분화하는 명칭이 흥미롭다. 고객은 수치화된 신

---

15 | 성격, 기호, 취향, 습관 등 직접 관측할 수 없는 심리적 특성을 측량하는 방법을 연구하는 학문이다.

용등급 대신, '모험가(The Adventurer)', '대사(The Ambassador)', '건축가(The Architect)', '역(逆)투자가(The Contrarian)', '자유로운 영혼(The Free Spirit)', '오아시스(The Oasis)', '수호자(The Guardian)', '이야기꾼(The Storyteller)', '불꽃(The Spark)', '바위(The Rock)'의 별칭을 부여받는다.

페이오프는 10가지 유형 중 하나로 분류되는 개개인의 성격, 성향, 금융습관 등을 감안하여 대출심사를 진행하고, 맞춤형 금리를 결정하며, 대출금 상환을 위한 자산관리 서비스까지 제공한다. 예를 들어 고객이 사교적이고 인기가 많은 성격인 '이야기꾼' 유형이라면 돈 관리가 허술하거나 씀씀이가 헤플 것으로 추정해 대출심사 기준을 높게 잡는다. 대출 후에도 이러한 유형의 고객들에게는 본인의 카드 사용 내역을 항상 확인할 수 있도록 전화 통화, 문자메시지, 이메일 등의 방식으로 수시로 안내한다. 반면, 꼼꼼하고 계획적인 성격의 '건축가' 유형의 고객이라면 평균보다 조금 완화된 대출심사 기준을 적용하고, 상품이나 새로운 금융 트렌드 등 고객이 관심을 가질 만한 정보를 집중적으로 제공해준다. 또한 감정 기복이 심하고 다소 신경질적인 성격의 '불꽃' 유형 고객들에게는 전화 통화와 같은 직접적 접촉을 최대한 자제하고, 고객 접촉 빈도도 최소한으로 유지하는 세심한 관리를 제공한다.

페이오프는 인성평가 외에도 다양한 테스트를 통해 고객 특성을 파악하고 이를 자산관리 서비스에 활용한다. 재정 상황으로 인해 받는 압박감을 평가하는 '재정상의 스트레스 테스트(Financial Stress Test)'도 있고, 현금 흐름을 파악해 비슷한 소득 그룹 평균과 비교해줌으로

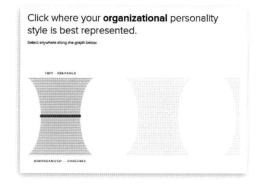

페이오프의 인성평가 퀴즈 문항. 자신이 어떤 성향에 가까운지(예: tidy(정리정돈된)- disorganized(체계적이지 못한)) 선택하는 문항에 차례대로 답하면 10가지 유형 중 하나로 분류된 결과를 얻는다. (페이오프 홈페이지 ⟨https://www.payoff.com/⟩)

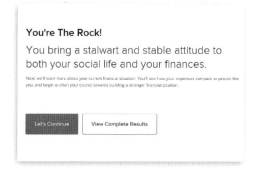

페이오프의 인성평가 결과 화면. 인성평가 퀴즈에 답하면 자신이 어떤 유형이며 그 유형은 어떤 특성을 가지고 있는지 알 수 있다. 예를 들어 '바위' 유형으로 분류된 사람은 사회생활이나 재정 상황에 모두 충실하고 안정적인 타입이다. (페이오프 홈페이지 ⟨https://www.payoff.com/⟩)

써 현재의 자산 상태를 알려주는 '재정 상황 테스트(Financial Wealth Test)'도 있다. 인성평가에 더해 이 2가지 테스트까지 모두 거친다고 해도 15분 정도면 충분하다. 또한 이 3가지 테스트를 거치면 대출을 받지 않더라도 본인의 재정 상태, 소비습관 등을 비교적 정확하게 파악할 수 있고 건전한 재무 상태를 유지하기 위한 적합한 소비습관을 코칭받을 수 있다는 점에서 도움이 된다.

페이오프의 다양한 테스트 화면. 재정상의 스트레스를 테스트하는 화면으로, "당신은 지난달, 재정 상황 때문에 평소에 즐기던 일들에 대해 얼마나 흥미를 잃었습니까?"와 같은 질문을 던진다. (페이오프 홈페이지 〈https://www.payoff.com/〉)

맞춤법과 연체율의 관계

페이오프의 신용평가 방식이 황당하다거나 다소 의심스럽다고 여겨질 수도 있다. 미국에서 이 방식이 처음 소개됐을 때도 사람들은 대체로 믿을 수 없다는 반응을 보였다. 하지만 페이오프와 같이 개개인의 신용평가에 금융 정보가 아닌 다른 종류의 비정형 데이터를 활용하는 기업들은 꾸준히 늘고 있다. 그리고 사실, 이들이 사용하는 데이터와 신용평가 방식에는 타당한 논리와 함께 방대한 양의 데이터와 데이터 분석 기술이 제공하는 근거가 있다.

하버드 케네디 스쿨의 공공정책 교수 아심 크와자(Asim Khwaja) 교수가 설립한 미국의 EFL(Entrepreneurial Finance Lab)은 신용평가를 위한 설문조사에 낙관주의, 사업감각, 자기확신, 기회주의, 자율성, 대출상환 능력 및 의지 등 인성평가와 관련된 요소를 넣어 이를 바탕으로 신용등급을 산출하고 있다. 그 외에도 매우 다양한 정보를 활용하고 있는데 그중 재미있는 것이 '맞춤법'이다. EFL은 맞춤법을 틀리지 않는 사람에게 틀리는 사람보다 높은 신용점수를 부여하는데, 이는 아심 크와자 교수의 연구 결과에 따른 것이다. 크와자 교수는 맞춤법을 틀리지 않으려는 심리가 대출금을 갚으려는 의지와 연관이 깊을 것이라 추정했고, 맞춤법을 틀리지 않는 대출자와 틀리는 대출자의 연체율을 비교해 연구한 결과 맞춤법을 틀리는 대출자들이 평균 15% 정도 더 높은 연체율을 보인다는 것을 밝혀냈다.

그런가 하면 독일의 신용평가사 크레디테크(Kreditech)는 빅데이터 분석을 통한 신용평가로 유명하다. 몇 초 만에 2만 개 데이터를 분석할 수 있는 알고리즘을 통해 고객의 위치 정보, SNS 활동을 하는 스마트폰 기종, 온라인 쇼핑 거래 내역이나 지불 수단 등 얼핏 보기에는 서로 연관성이 없어 보이는 방대한 데이터를 분석하는 것이다. 대출 희망자가 대출 정보를 얼마나 오랫동안 읽고 신청서를 꼼꼼하게 작성하는지도 확인해 신용등급에 활용하며, 소상공인이 대출 신청을 했을 경우 온라인 쇼핑몰이나 페이스북 등에서 해당 업체에 대한 평가나 댓글, '좋아요' 개수를 살피기도 한다.

심지어 이젠 대출을 받으려면 친구의 신용까지 관리해야 할지도 모른다. 글로벌 핀테크 기업 렌도(Lenddo)는 대출 희망자의 페이스북, 트위터 등 SNS를 관찰한다. 그리고 이때 이들의 신용도 결정에는 본인의 SNS 활동, 연애 상태, 경력뿐 아니라 지인의 신용도까지 고려된다. 실제로 렌도의 상환율은 95%를 상회한다고 하니 이 정도면 족집게 신용평가라고 해도 과언이 아닐 듯싶다.

비금융 데이터를 활용한 신용평가의 정확도가 입증되면서 반신반의 하던 전통적 금융기관도 이러한 방식을 적극 도입하고 있다. 특히 남미, 아프리카, 동남아시아 등 신흥국이나 개발도상국의 금융기관을 중심으로 비금융 데이터를 활용한 신용평가가 급속히 확산되고 있는데, 사실 이들의 목적은 상환율을 높이는 데 그치지 않는다.

전 세계적으로 25억 명에 달하는 인구가 기본적인 금융 서비스조차 받지 못하고 있다. 은행 계좌도 보유하고 있지 못할뿐더러 기본적인 금융 정보가 없어 제도권 기관의 대출조차 받지 못한다. 이는 비단 개발도상국만의 문제가 아니다. 우리나라도 취약한 담보 능력이나 낮은 신용등급 때문에 금융기관을 이용하기 어려운 계층이 증가하고 있다.

그런데 기존의 금융 정보만 활용한 신용평가와 대출 서비스는 이러한 계층의 상황을 더 악화시킬 수 있다. 바꿔 말하면, 페이오프 같은 기업들이 제안하는 새로운 방식의 신용평가는 이처럼 금융 정보가 없는 사람들도 SNS, 온라인 상거래, 설문 데이터 등 대량의 비금융 데이터를 통해 상환 능력과 의지를 평가받고 그에 따라 적절한 가격으로 대출 서비스를 받을 수 있도록 해준다. 금융포용, 곧 금융의 포용력 (financial inclusion)[16] 까지 넓혀주고 있는 것이다.

---

16 | '금융포용' 또는 '포용적 금융'이란 '금융소외(financial exclusion)'와 반대되는 말로, 제도권 금융 서비스를 제대로 받지 못하는 사람들이나 소득이 낮은 사람들에게 그들이 감당할 수 있는 적정한 가격에 금융 서비스를 제공하는 것을 의미한다.

대출금 상환율을 높여 개인의 신용관리를 도와주고 금융기관에는 부실채권 위험을 감소시켜주며 '포용적 금융'이라는 가치까지 실현시키고 있는 페이오프가 최근에는 1년간 5만 건에 달하는 대출 사례를 검토해 미국 소비자의 특성을 분석했다. 이로부터 기존 미국 금융 시스템이 미국 소비자의 80%에게 그다지 적합하지 않다는 의미심장한 메시지를 도출해 주목을 받기도 했다. 페이오프와 같이 작지만 창의적인 아이디어로 다양한 문제를 해결하려는 기업들이 계속해서 등장해 사회에 유용한 인사이트를 던져주어야 할 것으로 보인다.

05

철저한 고객 관점으로 성공을 거둔 자산관리 서비스의 혁신아

:: 민트(Mint) ::

누구나 한 번쯤 카드 결제 고지서를 받아들고는 뜻밖에 많은 금액에 당황한 경험이 있을 것이다. 혹은 경조사나 질병 등 예상치 못한 지출을 하고 나서 다음 월급날까지 어떻게 살림을 꾸려갈지 고민에 빠지기도 한다. 이럴 때면 많은 사람이 작심하고 가계부를 펼쳐보지만 지출 내역을 꾸준히 기록하기란 결코 만만한 일이 아니다. 영수증을 일일이 챙기기도 힘들뿐더러 문자로 받는 신용카드 사용 내역도 한곳에 다시 정리해두기가 쉽지 않다. 물론 이런 문제 정도는 가계부 프로그램이나 앱의 도움을 받을 수 있겠지만, 가계부만 잘 쓴다고 해서 문제가 모두 해결되는 것은 또 아니다. 자신의 소비습관이 가진 문제점이나 여유 자금을 유지하는 방법에 대해서는 정확히 알 수 없기 때문이다. 그렇다면 단순 가계부를 넘어 개인의 자산을 한눈에 보여주며 소비지출을 분석해주고 나아가 자산관리 및 소비습관을 코칭해주는 서비스는 없을까?

●
자산을 관리해주고 소비습관을 코칭해주는 서비스

미국은 인터넷이나 모바일을 통한 개인종합자산관리(PFM; Personal Finance Management)가 가장 활성화된 나라다. 본디 금융 서비스가 다양하고 선진화되어 있기도 했지만, 미국의 세금제도상 개인이 세금을 직접 계산해 납부해야 해서 개인 자산관리 서비스에 대한 니즈가 상당히 높기 때문이다. 이에 따라 미국에서는 이미 오래전부터 온라인상에서 개인이 쉽게 은행 계좌 잔고를 확인해 예산을 수립하고 본인의 소비지출 이력을 추적하며 관리할 수 있는 자산관리 프로그램이 많이 나와 있었다.

그중 세금 및 지불 관리 솔루션 판매업체 인튜이트(Intuit)는 1983년부터 '퀴큰 온라인(Quicken Online)'이라는 월정액 자산관리 웹서비스를 제공해왔다. 출시하고 첫 1년 정도는 무료로 제공됐는데 이때 무려 150만 명의 고객을 확보하게 된다. 한편, 마이크로소프트 또한 자산관리 서비스 시장의 가능성을 알아차리고 1991년 뒤늦게 '마이크로소프트 머니(Microsoft Money)'라는 유료 프로그램을 선보였다. 그러나 당시 이미 퀴큰이 시장의 70%를 장악한 상태였던 데다 마이크로소프트가 차별적 서비스를 제공하지도, 기술적으로 뛰어난 서비스를 제공하지도 못했기 때문에 결국 2009년 서비스를 중단한다. 거대 소프트웨어 기업 마이크로소프트를 인튜이트가 이긴 것이다. 그런데 이런 인튜이트가 위협을 느끼고 부랴부랴 인수한 스타트업이 있었으니, 바로 '민트(Mint)'다.

민트는 25세 청년 애런 패처(Aaron Patzer)가 만든 자산관리 프로그램의 이름이자 2006년 창업한 스타트업의 이름이다. 민트는 퀴큰 온라인과 마찬가지로 사용자의 은행 계좌 정보와 증권 계좌, 대출 계좌 등을 관리해주며 개인의 자산 상황을 한눈에 정리해 보여주는 프로그램이다. 하지만 민트는 여타 서비스와 비교할 때 눈에 띄는 장점이 있었다.

일단 거래 데이터 분류 속도와 정확도가 월등히 높다. 방대한 금융 거래 데이터의 분류 속도를 기존의 몇 시간에서 단 몇 분으로 단축시켰고 자동 분류되는 데이터의 양을 늘림으로써 분석 정확도를 향상시켰다. 예를 들어 마이크로소프트 머니는 사용자 거래 내역의 15% 정도를 자동 분류했으며, 퀴큰 온라인은 40% 정도를 자동으로 분류하는 데 그쳤던 반면, 민트는 무려 85%의 데이터를 자동으로 분류한다. 거래 내역 및 자산 상황을 보여주는 화면도 금융자산이나 개인의 지출 내역 등을 시각화해 한눈에 볼 수 있도록 구성했고, 항목별로 정리해주는 등 쉽고 예쁘게 디자인했다. 모바일 앱 서비스로 시작한 민트는 이러한 장점 덕분에 빠르게 서비스를 확산시킬 수 있었다. 재미있는 것은 민트의 등장으로 자산관리 서비스의 사용층이 다양해졌다는

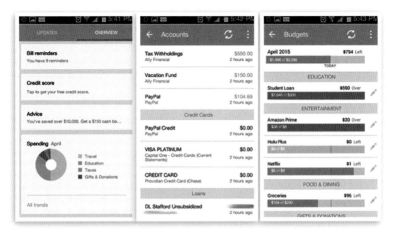

▌ 민트 앱의 자산관리 서비스 화면. 신용점수와 소비습관을 내역별로 분석해 그래프로 제시해주기도 하고(왼쪽), 사용자가 보유한 여러 계좌 상태를 한눈에 볼 수 있게 정리해주며(가운데), 지출 항목별로 예산을 설정해놓으면 예산 대비 지출 상황을 보여주기도 한다(오른쪽). ("Build better spending habits with these 7 android finance apps" (2015. 4. 28). 〈http://www. makeuseof.com/tag/better-spending-habits-7-android-finance-apps/〉)

것이다. 기존에는 자산관리 서비스 이용자가 대부분 40~60대 남성 자산가였지만, 민트 서비스가 확산되면서 30대 여성까지 주이용자층으로 흡수되었다.

정확한 분석과 편리한 UI(User Interface)로 자산관리 앱을 대중화한 민트의 진정한 강점은 '개인화된 자산관리 서비스'에 있다. 민트 사용자는 민트 홈페이지에서 무료로 혹은 저렴한 비용에 자산관리 서비스를 받을 수 있다. 사용자가 계정을 등록하고 원하는 자산관리 목표 (financial goal)를 선택한 뒤 계좌를 연동하면 목표 달성을 위한 구체적 분석과 코칭이 이어진다. 예를 들어, 사용자의 지출 패턴을 분석해

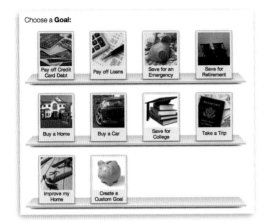

민트 홈페이지의 자산관리 목표 선택 화면. 신용카드 빚 갚기, 대출금 갚기, 은퇴 대비 저축, 차 구입, 여행, 또 다른 목표 설정하기 등 다양한 목표 중에 선택하거나 자신이 원하는 목표를 새로 만들 수 있다. (민트 홈페이지 〈https://www.mint.com/〉)

민트 홈페이지의 금융상품 및 카드 추천 서비스 화면. 사용자의 계좌를 분석해 현재 재무 상태에 적합한 금융상품을 추천해주고 금융상품 계좌별로 예상되는 수익률 등을 보여주며(왼쪽), 소비행태를 분석해 혜택이 가장 많으면서 소비는 절약할 수 있는 신용카드를 추천해준다(오른쪽). (〈https://sungmooncho.com/2009/11/24/mint/〉; 민트 홈페이지 〈https://www.mint.com/〉)

과다 지출을 관리해주기도 하고, 지출을 줄일 수 있는 카드 및 금융 상품을 추천해주기도 한다. 때로는 적절한 대출 계좌 등을 연계해 안내하며 대출금 관리도 해준다.

민트의 카드 및 금융 상품 추천 서비스를 이용하면 연평균 1,000달러 정도를 절약할 수 있다고 한다. 이 때문에 민트 서비스의 상품 추천 배너 광고의 클릭률(CTR; Click Through Ratio)은 무려 12%에 달한다. 일반적인 배너 광고 클릭률이 0.1% 내외인 것을 감안하면 이는 민트의 분석과 추천이 그만큼 정확하다는 의미이기도 하다.

●

인튜이트는 왜 민트를 인수할 수밖에 없었을까?

모바일 앱 기반의 민트 서비스가 무섭게 확산되면서 결국 인튜이트는 놀라운 성장세를 보이는 경쟁사를 인수해야겠다는 결정을 내리기에 이른다. 민트는 창업 3년 만인 2009년 1,700만 달러에 인튜이트에 인수되었고 민트의 개발자이자 창업자 애런 패처는 인튜이트의 부사장 겸 개인재무관리사업부 총책임자로 합류하게 된다. 인튜이트는 민트를 인수한 뒤 여전히 '민트'라는 이름으로 자산관리 서비스를 제공하고 있으며, 대신 기존의 '퀵큰 온라인' 서비스는 2010년 중단했다.

이후 민트는 자산관리 서비스의 영역을 점차 확장하고 있는데, 그중 하나가 무료로 제공하는 신용등급 산정 서비스이다. 사용자가 정확한 이름과 사회보장번호 등을 입력하면 신용등급을 안내해주는 것이다. 또한 민트 브랜드 아래에 별도로 '민트빌(Mint Bills)'이라는 서비스도 제공하고 있다. 이 서비스는 인튜이트가 2014년 '체크(Check)'[17]를 인수하면서 같은 이름으로 서비스되던 모바일 고지서 확인 및 납부 서비스의 명칭을 바꾼 것이다. 민트빌 서비스는 사용자가 고지서 내역

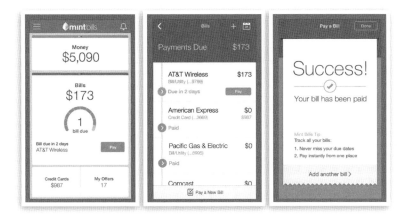

민트빌 서비스 화면. 사용자의 현재 계좌 잔액과 고지서 납부 예정 금액 및 납부일까지 남은 기간을 보여주며(왼쪽), 사용자는 고지서별로 납부 여부와 금액을 확인할 수 있고(가운데), 앱으로 직접 납부할 수도 있다(오른쪽). (〈https://medium.com/yalantis-mobile/mint-personal-finance-app-underlying-development-technology-7d6eb3a5810e〉)

을 앱을 통해 관리할 수 있게 해주고 만기일이 가까워지면 알림 기능을 통해 기한 내에 납부할 수 있도록 도와준다. 서비스 이용에 기본이 되는 데이터는 사용자의 신용카드와 은행 계좌 등으로 민트와 동일하다. 여기에 사용자가 고지서 정보를 추가하면 고지서 내역을 카테고리화하여 정리해주고 납부 금액을 모두 지불할 만큼 계좌 잔액이 충분한지 확인해주며 지불 계획도 자동으로 수립해준다. 민트빌 앱을 통한 공과금 납부나 자동이체 설정도 가능해 사용자는 앱 하나로 고지서

---

17 | 모바일로 각종 고지서를 확인하고 요금을 지불할 수 있도록 서비스를 제공하는 스타트업으로, 2007년 서비스 개시 이후 1,000만 명이 넘는 가입자를 확보하며 인기 앱으로 떠올랐고 2014년 인튜이트에 3억 6,000만 달러에 인수되었다.

납부와 관련된 모든 사항을 해결할 수 있다.

민트는 전에 없던 새로운 서비스로 성공을 거둔 것이 아니다. 하지만 철저히 소비자의 관점에서 서비스 혁신을 이루었다. 퀴큰 온라인, 마이크로소프트 머니 등이 제공하던 웹 기반 자산관리 서비스를 모바일로 옮겨와 소비자가 금융자산관리 서비스에 쉽게 접근할 수 있도록 했다. 또 데이터 분석의 정확도를 향상시켜 서비스의 질을 높였고, 누구나 편리하게 사용하면서 재미를 느끼도록 서비스 화면 디자인에도 각별히 신경 썼다. 무엇보다도 고객 니즈를 정확히 공략했다.

금융 서비스가 다양해지고 금융시장 환경이 불확실해지면서 사람들의 전반적 금융지식 수준(financial literacy)[18]은 점점 낮아지고 있다. 더군다나 최근 금융 서비스 이용의 중심층으로 부상한 밀레니얼 세대 (millenials)[19]는 이전 세대에 비해 소득은 불안정하고 금융지식은 부족해 소비지출 관리나 자산관리에 더욱더 어려움을 겪는 것으로 나타나고 있다. 민트는 이러한 고객들에게 자산관리를 위한 맞춤형 추천 서비스를 제공하면서 환영받았고 또 지금도 성장세를 이어나가고 있다.

사실상 민트의 서비스는 '창업가 정신'이 기반이 되었기에 탄생할 수

---

18 | 금융지식의 수준은 '금융지능 지수(FQ; Financial Quotient)'의 척도이기도 한데, 이는 개인이 자신의 소득에 대해 얼마나 잘 이해하고 있고, 지출과 부채 등에 대해 충분한 지식을 가지고 있으며, 재무 및 투자 계획을 통한 자산관리 능력을 가지고 있는지를 보여주는 수치다. 곧 금융지능이 높은 사람은 금전관리에 있어 합리적 선택을 하고 충동적 의사결정을 제어할 수 있는 능력이 상대적으로 높다고 할 수 있다.

19 | 1980년대 초반부터 2000년대 초반에 출생한 세대로 Y세대라고도 하며, 최근 각종 소비 트렌드와 라이프스타일을 주도하는 세대로 주목받고 있다.

있었다. 민트를 창업하기 전 애런 패처는 IBM과 다른 스타트업에서 근무한 경험은 있었으나 프로그램 개발자는 아니었다. 민트 서비스를 위해 금융거래 데이터를 금융기관으로부터 가져오는 기능도 금융 전문 소프트웨어 기업인 요들리(Yodlee)의 기술로, 일정 사용료를 지불하며 이용하고 있다. 프로그래밍 경험도 없고 데이터 관련 기술도 없었으나, 애런 패처는 오직 소비자가 원하는 서비스를 개발하겠다는 일념으로 6개월 동안 하루 14시간을 쏟아 부으며 민트를 만들었다. 민트 앱 가입자가 150만 명이 될 때까지도 수익은 전혀 발생하지 않았지만, 어쩌면 그가 시작한 곳이 실리콘밸리였기에 그의 도전이 지속될 수 있었는지도 모른다.

"현실적인 문제를 해결하면 세상은 당신의 것이 될 것이다(Solve a real problem and the world is yours)."[20]

애런 패처는 자신이 말한 대로 사람들의 현실적인 문제를 해결했고 세상을 다 가졌다. 우리나라도 애런 패처와 같은 기업가가 결실을 맺을 수 있도록 기다려주고 지원을 아끼지 않는 스타트업 환경이 무르익기를 기대해본다.

20 | 〈http://startupquote.com/post/5178521655〉.

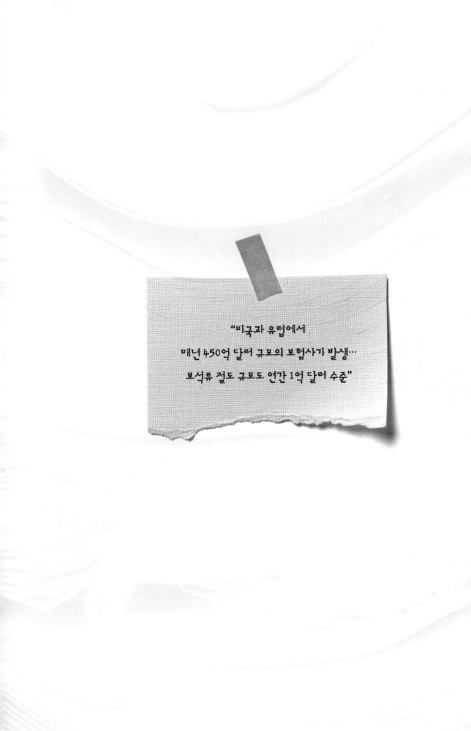

06

인터넷에 비견될 만큼 놀라운 블록체인 기술로 새 시장을 열다

:: 에버렛저(Everledger) ::

세계경제포럼(WEF)은 매년 사회에 큰 영향을 미칠 것으로 기대되는 유망기술 리스트를 발표한다. 2016년 10대 유망기술 리스트에는 자율주행 자동차, 개방형 인공지능 생태계, 차세대 배터리 등과 함께 블록체인(Blockchain)이 이름을 올렸다.

블록체인은 분산장부(Distributed Ledger) 형태의 데이터 구조로서, 중개기관의 개입 없이도 거래 당사자 간에 안전하게 자산을 교환할 수 있도록 하는 시스템이다. 사토시 나카모토(Satoshi Nakamoto)라는 익명의 개발자[21]가 2008년에 저술한 논문에서 최초로 소개됐다. 가상

---

21 | 사토시 나카모토의 정체에 대해 여러 가지 추측이 난무했다. 2015년 12월 9일 IT 매거진 《와이어드(WIRED)》가 호주의 암호학자 크레이그 라이트(Craig Wright)가 사토시 나카모토라고 지목했고, 2016년 5월 2일 당사자가 이를 인정함으로써 논란은 일단락됐다. 그러나 일각에서는 크레이그 라이트가 사토시 나카모토라는 명백한 증거는 없다고 주장하기도 한다.

화폐인 비트코인의 기반 기술로도 잘 알려져 있다. 블록체인의 상세 메커니즘은 전문가가 아닌 이상 완벽히 이해하기 어렵지만, 원리와 효용은 매우 직관적이다. 블록체인은 거래 정보가 특정 서버에 저장되는 것이 아니라 개인 간(P2P) 네트워크에 분산되어 저장되기 때문에, 정보의 위변조가 실질적으로 불가능하다. 요컨대 보안성과 투명성이 매우 높은 시스템이다.

현재까지 블록체인은 금융 산업에서 주로 활용되었다. 2015년 9월 9개 글로벌 은행이 파트너십을 맺고 블록체인에 기반한 금융거래 시스템 개발을 시작했으며, 뱅크오브아메리카(BoA), 골드만삭스, JP모건, 시티그룹 등 주요 금융기관은 블록체인 개발 컨소시엄인 'R3CEV'를 결성했다. 그러나 블록체인의 잠재력은 금융권에 국한되지 않는다. 유통관리, 공공 서비스, 사물인터넷, 헬스케어 등 다양한 분야에서 블록체인을 활용한 새로운 시스템이 태동하고 있다.

그중에서도 블록체인 활용이 가장 기대되는 영역은 공급망관리 분야다. 세계 최대의 블록체인 플랫폼 이더리움(Ethereum)의 코디네이터 비네이 굽타(Vinay Gupta)는 "현재 생산자, 운송업자, 관세사 등 공급망과 관련된 주체들이 사용하는 회계장부는 제대로 연결되어 있다고 볼 수 없다. 따라서 신뢰에 기반한 거래에 의지할 수밖에 없는 경우도 있다. 블록체인을 공급망 내 거래 주체들이 공동 보험 처리 시스템으로 함께 사용한다면, 종이로 진행되던 수많은 문서 작업을 블록체인으로 대체할 수 있어 작업 효율이 크게 증가할 것"[22]이라고 말했다. 이 점에 착안해 다이아몬드 공급망관리에 블록체인 기술을 도입한 스타트업이 있다. 2015년에 설립된 영국의 스타트업 '에버렛저(Everledger)'이다.

●
블록체인을 다이아몬드 공급망관리에 도입하다

보석 중의 보석이라 불리는 다이아몬드는 '킴벌리 프로세스 인증 체계(KPCS; Kimberley Process Certification Scheme)'에 의해 공급망관리가 이루어진다. 킴벌리 프로세스는 분쟁 지역에서 생산된 다이아몬드가 전쟁 지원금으로 쓰이는 것, 곧 '블러드 다이아몬드(blood diamond)'의 유통을 방지하기 위해 2003년에 마련된 인증 체계다. 실제로 시에라리온, 짐바브웨, 콩고 등의 국가에서 다이아몬드 밀거래를 통해 전쟁 자금을 마련한 적이 있다. 그뿐 아니라 다이아몬드 원석을 채굴하는 과정에서도 아동노동과 강제노역 등의 문제가 발생했었다.

킴벌리 프로세스 참가국은 다이아몬드 거래 시 원산지를 자세히 기록한 증명서를 반드시 첨부해야 하며, 증명서가 없는 다이아몬드는 법적으로 구매가 불가능하다. 다이아몬드 원석 수출국이 관련 기관으로부터 발급받은 증명서가 공급망관리의 주요 서류가 되는 셈이다. 현재 81개국이 킴벌리 프로세스에 참여하고 있으며, 전 세계 다이아몬드 원석 거래의 99.8%가 이들 국가에서 이뤄진다.

22 | "블록체인 기술이 바꿀 공급망의 미래." GE리포트 코리아 〈http://www.gereports.kr/what-the-blockchain-means-for-supply-chains/〉.

미국에서 발행된 킴벌리 프로세스 인증서 견본. (미국 관세청 홈페이지 〈https://www.cbp.gov/about/history/did-you-know/diamond-trade〉)

킴벌리 프로세스가 다이아몬드 거래의 투명성 확보에 일조한 것은 사실이지만 제도적 취약점 또한 존재한다. 세계 최대 인권 단체인 국제 엠네스티에 따르면, 킴벌리 프로세스에 소속된 많은 회원국이 공급망 관리에서 철저한 통제를 하지 못하는 실정이다. 여전히 블러드 다이아몬드가 성행한다는 뜻이다. 종이 문서에 기반해 거래가 이루어지기 때문에 공문서 위조와 이에 따른 보험사기가 끊임없이 발생하고 있다. 에 버렛저의 창업자이자 CEO인 린 켐프(Leanne Kemp)는 전 세계적으로 다이아몬드 산업이 800억 달러 규모인데, 매년 보험회사가 보험사기와 관련해 25억 달러를 지출하고 있다고 추산[23]했다. 그리고 그녀는 블록체인 기술이 이 문제를 해결할 수 있다고 생각했다.

린 켐프는 공급망관리 관련 유망기술 분야에서 쌓은 경력과 귀금속 보험 관련 경력을 두루 갖추고 있다. 지난 20년간 그녀는 주로 호주에서 비즈니스 경력을 쌓아왔고 이미 세 차례 창업을 하여 모두 성공을

---

23 | "Commanding Attention: Stratup Everledger Makes A Knockout First Impression" (2016. 10. 11), Entrepreneur 〈https://www.entrepreneur.com/article/283532〉.

이끌어냈다. 그녀는 블록체인이 귀금속 공급망관리에 적용되어 엄청난 효과를 거둘 수 있다는 직감으로 새로운 스타트업 설립을 결심한다.

국제적인 비즈니스 포트폴리오를 위해 글로벌 금융 산업의 요지인 런던으로 건너온 린 켐프는 2014년 11월 영국의 대형 보험회사 아비바(Aviva)가 개최한 해커톤 대회에서 수상하며 초석을 마련한다. 린 켐프의 풍부한 창업 경력과 산업·기술에 대한 깊은 이해는 2015년에 설립된 이 신생 스타트업 에버렛저에 남다른 기대감을 갖게 만들었다.

창업 1년 만에 에버렛저는 미국, 이스라엘, 인도 등지의 주요 다이아몬드 인증기관과 협업관계를 맺고 약 98만 개 이상의 다이아몬드에 블록체인 기반 디지털 장부를 발급했다. 일반적으로 가공된 다이아몬드에는 레이저로 고유번호를 새긴다. 에버렛저는 블록체인 장부에 이 고유번호를 등록해 유통경로를 추적한다. 또한 원산지, 4C(Color, Carat, Cut, Clarity) 특징, 과거 거래 내역과 소유주에 대해서도 기록할 수 있어 보다 안전한 다이아몬드 관리가 가능하다.

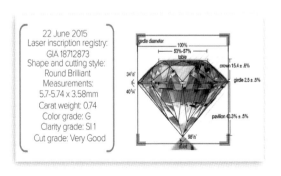

에버렛저가 블록체인 기술로 관리하는 다이아몬드 정보 예시. (⟨https://www.youtube.com/watch?v=GAdjL-nultl⟩)

이 정보는 거래 당사자를 비롯해 보험사, 법률 집행기관, 은행 등의 이해관계자에게 제공되어 다이아몬드 거래의 투명성을 보증한다. 만약 도난 신고가 된 다이아몬드가 국경을 넘거나 밀거래 시장으로 들어가게 되면, 인터폴 및 유로폴에도 에버렛저의 장부 정보가 제공된다. 이처럼 에버렛저의 디지털 장부는 종이 인증서와는 달리 위변조 위험이 없고 분실 염려도 없기 때문에 다이아몬드 관련 사기 대부분을 근절할 획기적인 공급망관리 방안이라 할 수 있다. 린 켐프는 블록체인으로 관리되는 다이아몬드가 범죄의 표적이 되는 비율이 그렇지 않은 다이아몬드와 비교해 현저히 낮다고 발표했다.

●

"우리는 근본적으로 다른 무언가를 한다"

에버렛저는 공급망관리 기술을 보유한 회사이지만, 다이아몬드 보험 업계에 지대한 효용을 창출할 것으로 기대되어 유망 핀테크 스타트업으로 주목받고 있다. 블록체인 기반의 탄탄한 기술력과 다이아몬드 산업에서의 사업성을 인정받은 결과다. 신생기업임에도 불구하고, 2015년에는 세계 최대 규모의 핀테크 스타트업 경연인 BBVA 오픈 탤런트에서 대상을, 모바일 에코시스템 포럼(MEF; Mobile Ecosystem Forum)에서 주최한 경연에서는 혁신 핀테크 기업상을, 2016년에는 유럽 금융 기술 어워드(European Financial Technology Award)에서 베스트 블록체인 기업상을 받았다.

다이아몬드로 시작했지만 에버렛저는 공급망관리 대상을 점차 확대할 예정이다. 다른 보석이나 미술 작품, 그 외 귀중품, 전자기기, 그리고 궁극적으로는 시리얼 넘버가 있는 모든 자산을 블록체인 기반의 디지털 장부로 관리할 수 있도록 하겠다는 계획이다. 이미 미술품 데이터베이스 관리를 위해 관련 기업과 파트너십을 체결했고, 최근에는 소비자가 직접 에버렛저의 블록체인에 다이아몬드를 비롯한 여러 귀중품을 등록할 수 있도록 사용자 애플리케이션을 개발 중이다.

린 켐프는 "우리는 근본적으로 다른 무언가를 하고 있습니다. 우리는 새로운 시장을 창조하고 있고, 불투명한 시장에 투명성을 제공합니다"라고 말하며 블록체인 기술의 영향력이 모든 공급망관리에 근본적 변화를 가져올 것으로 기대하고 있다. 절도, 사기, 분실 등 실물자산이 갖는 위험성을 현저하게 줄여줄 뿐만 아니라, 해당 물품의 과거 이력이 투명하게 공개됨으로써 보다 효율적인 거래를 가능케 하리라는 것이다. 이를테면 모든 자동차가 블록체인 기반의 디지털 장부를 갖고 있다면, 과거 소유주와 사고 및 수리 이력 등이 빠짐없이 기록되어 중고차 시장이 고질적으로 겪는 정보의 비대칭성 문제를 해결할 수 있다.

블록체인의 활용은 에버렛저 같은 스타트업은 물론 각종 금융사와 IBM, 월마트 등에 의해 막 태동 중이다. 향후 블록체인이 세상에 끼칠 영향력을 인터넷에 견주는 사람들도 있다. 그렇다면 우리 산업계도 블록체인 기술의 잠재력에 주목해야 할 때이며, 그에 기반한 혁신적 스타트업도 곧 탄생하리라 기대된다.

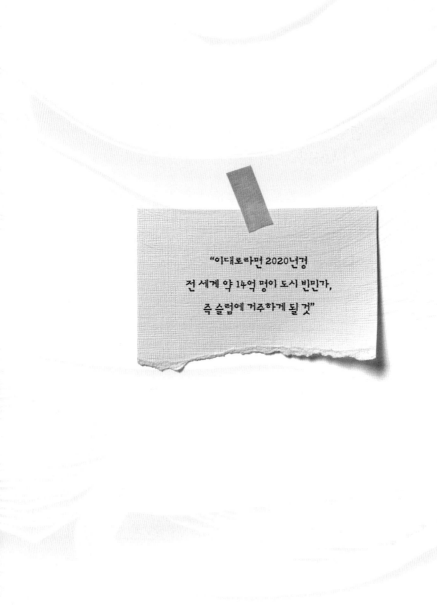

07

도심의 미래를 살펴
환경문제까지 해결해줄
IT 시뮬레이션

:: 사이버시티3D(CyberCity3D) ::

전원 지역에 거주하던 인구가 도시로 이주하거나, 도시의 면적
이 넓어지면서 도시 인구가 증가하는 현상을 도시화라고 한다. 보통
산업 시설과 자본, 일자리가 도시에 집중되면서 인구를 유인하기 때문
에 나타나는 현상인데, 2009년 처음으로 전 세계 도시 인구가 전원 지
역 인구를 넘어섰다.

●

도시계획 시뮬레이션, 떠오르는 IT 융합의 한 사례

과도한 인구가 도시로 유입되면 주택, 상하수도, 의료나 교육 시설, 도
로, 대중교통 등의 인프라가 부족해지고 도시 혼잡도가 증가하면서
각종 사회문제와 환경문제가 발생한다. 이를 방지하기 위해 각국의 중

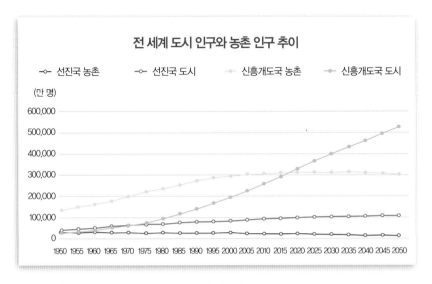

전 세계 도시 인구와 농촌 인구 추이

-○- 선진국 농촌   -○- 선진국 도시   신흥개도국 농촌   신흥개도국 도시

(만 명)

UN (2014). World Urbanization Prospects: The 2014 Revision.

양정부와 지방정부는 안전하고 효율적인 도시를 만들기 위해 도시계
획을 수립하고 실행한다. 도시계획은 인구와 교통량의 흐름, 사회적 안
전망, 교육, 자연환경 등 다방면의 영향을 고려해 수립되지만, 자칫 도
시계획의 효과와 영향을 잘못 예측하면 인프라 부족 및 혼잡도 심화
로 인해 사고나 범죄 등이 증가할 수 있는데, 이는 곧 막대한 예산을
낭비하는 것이 된다. 더 심각하게는 폭우나 지진 같은 자연재해 발생
가능성이 높아지고 발생 시의 피해가 증폭되면서 엄청난 인명 손실이
발생하기도 한다. 예컨대 도시화가 급속히 진행되면서 지면이 콘크리
트나 도로 등으로 뒤덮이면 빗물이 지면으로 침투하지 못하는 불투
수면이 증가하는데, 이로 인해 빗물이 지하수, 강, 호수 등으로 빠지지

못해 도시 침수가 발생한다.

특히 21세기 들어 아프리카나 아시아 등 저소득 국가의 도시화가 빠르게 진행되면서[24] 발생 가능성이 높고 발생 시 막대한 피해가 예상되는 글로벌 리스크로서 '도시계획 실패'가 자주 언급되고 있다. 세계경제포럼(WEF)에 따르면 아프리카 도시에 적정 수준의 인프라를 건설하고 관리하려면 2020년까지 연간 930억 달러의 예산이 필요하지만 현재 절반도 안 되는 450억 달러 수준만 투입되고 있는 상황이다.[25] 이에 도이치뱅크는 이대로라면 2020년경 전 세계 약 14억 명이 도시 빈민가, 즉 슬럼에 거주하게 될 것이라고 경고한다.[26]

도시 정비에 필요한 예산을 확보하는 것은 아무래도 개발도상국에 절실한 과제이지만, 사실 막대한 예산을 적재적소에 잘 쓰는 것은 선진국에도 큰 숙제가 아닐 수 없다. 이에 대한 가장 좋은 해법은 도시계획이 실행된 이후의 모습과 효과를 정확하게 예측한 후 의사결정을 하는 것이다. 이에 따라 도시를 디지털로 변환하고 하나의 변화나 요인이 도시 전반에 어떤 파급효과를 끼치는지 시뮬레이션을 해보는 것, 최근 도시계획 분야에서 가장 두드러지는 IT 융합의 한 예다.

---

24 | 아프리카 도시화율 전망: 2014년 40% → 2050년 56%, 아시아 도시화율 전망: 2014년 48% → 2050년 64%. (UN DESA (2014)).

25 | World Economic Forum (2015). Global Risk 2015.

26 | Deutsche Bank's Alfred Herrhausen Society 홈페이지 ⟨http://www.alfred-herrhausen-gesellschaft.de/en/urbanisierung.htm⟩.

플랫폼으로서의 디지털화된 도시를 만들다

2008년에 미국 캘리포니아에서 시작한 '사이버시티3D(CyberCity3D, 이하 CC3D)'는 그 이름 그대로 런던, 뉴욕, 시카고 등 전 세계 100개 이상의 도시에서, 150만 채 이상의 건물을 3차원 그래픽스로 모델링해 제공한다. CC3D가 구축한 3차원 지도상의 도시와 실제 도시 간 오차는 15센티미터 이하이며, 건축 설계에 널리 활용되는 여러 상용 프로그램과 호환되는 파일 포맷을 제공해 실용성을 극대화했다. CC3D의 가상 도시는 스마트시티 같은 도시계획 프로젝트의 주요 의사결정을 돕는 것을 주된 목적으로 한다.

CC3D가 만든 디지털화된 도시는 하나의 플랫폼이다. CC3D는 이 플랫폼 위에 새로운 건물, 수처리·에너지 시설, 상업 시설, 철도 등이 들어섰을 때 인구와 교통의 흐름을 비롯해 도시의 전반적 모습이 어떻게 변화하는지 시뮬레이션하는 다양한 소프트웨어 서비스를 제공한다. 마치 도시에 도로나 건물을 조성하고 운영하는 시뮬레이션 게임인 '심시티(SimCity)'를 보다 전문적이고 정확하게, 실용화가 가능한 수준으로 구현했다고 생각하면 이해하기 쉬울 것이다.

예컨대 도시에 건물을 새로 짓는다고 생각해보자. 프로젝트 담당자는 건물 주변의 동선, 인구 유입 효과 등을 예상해 기초 평가와 설계를 실시한다. 또한 신축 건물은 주변 도로의 교통과 인구 흐름, 주위 건물의 일조권과 시야 등에 영향을 끼치기 때문에 시 정부는 이러한 영향을 고려해 신축 허가를 결정하지만, 이해관계자들이 이에 공감하지 못할 때는 갈등이 발생한다. CC3D는 신축 건물의 영향을 시각화해 보여줌으로써 여러 이해관계자의 의사결정을 돕는다. 웹브라우저를 통해 도시의 3D 모델을 이리저리 움직이며 살펴볼 수 있고 직접 간소한 시뮬레이션 기능을 이용할 수 있는 웹페이지도 제공하고 있어 전문가가 아니더라도 PC, 스마트폰, 태블릿 등을 이용해 CC3D의 서비스에 쉽게 접근할 수 있다.

또한 폭우나 폭풍 같은 자연재해가 발생했을 때 피해가 어느 방향으로 확산되는지, 어느 지역이 취약한지 등을 예측하는 시뮬레이션 기술도 다방면으로 유용하다. 지역주민과 정부는 예상되는 피해를 최소화하기 위한 대비책을 마련할 수 있고, 보험회사는 재해에 취약한 지역

▋ 사이버시티3D가 디지털화한 미국 시카고 시의 3D 모델. (사이버시티3D 홈페이지 〈http://www.cybercity3d.com/#!Chicago, IL/zoom/r2pa2/dataltem~ipr3vca3〉)

영국 런던 '카나리 워프(Canary Wharf)' 지역 각 건물의 조망권 시뮬레이션. 1981년부터 비즈니스지구로 개발된 카나리 워프는 런던 금융의 중심지로 50층짜리 '원 캐나다 스퀘어'를 비롯해 초고층 건물이 밀집해 있다. (사이버시티3D 홈페이지 〈http://www.cybercity3d.com/products?lightbox=dataltem-ipr3vca3〉)

을 규명해 보험금 산정에 활용할 수 있다. 중장기적으로 해당 지역에 빗물 침투 및 저장 시설 같은 물 관리 시설을 설치해 재난을 방지할 뿐 아니라 유출되는 빗물을 수자원으로 확보할 수도 있다.

CC3D는 단순히 도시의 3D 지도를 판매하는 데서 한 발 더 나아가 다양한 통합 솔루션으로서 비즈니스 모델을 확장하고 있다. 미국 마이애미 도심개발위원회(Miami DDA)는 2014년 마이애미 도심을 3D 지도로 만드는, '인터랙티브 3D 스카이라인 맵' 구축에 착수했다. 최근 완료됐거나 진행 또는 계획 중인 116개 도심 개발 프로젝트를 지도에 반영하기로 한 것이다. 도시개발 투자자를 유인하는 한편 이해관계자들과 시민 간의 커뮤니케이션을 원활히 하기 위함이다.

CC3D는 마이애미 도심의 3D 맵 구축부터 현재와 미래의 도시 모습을 살펴볼 수 있는 웹서비스에 필요한 서버 구축, 호스팅까지 일괄적으로 제공했다. 그리하여 마이애미 도심개발위원회의 책임자 앨리스 로버트슨(Alyce Robertson)으로부터 "투자자의 의사결정에 매우 중요한 정보를 전달하고, 우리의 상상력을 넘어 마이애미 도심의 미래를 그려보고 확인할 수 있는 강력한 툴"이라는 이야기를 들을 정도로 그 효용을 인정받았다.[27]

미국 마이애미 도심개발위원회의 '인터랙티브 3D 스카이라인 맵' 도심 개발 제안, 계획, 건설 등 도시계획 프로세스 전반에서 변화할 도시의 모습을 시각화해주는 CC3D의 솔루션이다. (사이버시티3D 홈페이지 〈http://www.cybercity3d.com/uses?lightbox=dataItem—id8zwkz7〉)

27 | CyberCity3D (2016). Case Study: Miami DDA. 〈http://www.cybercity3d.com/#!products/r2pa2〉.

한편, CC3D의 지도 플랫폼에 접목할 수 있는 다양한 시뮬레이션 기술을 보유한 소프트웨어 업체와 파트너십을 맺는 등 서비스 라인업과 완성도를 증강하는 노력도 지속하고 있다. 2016년 포르투갈의 소프트웨어 업체 베이스폼(Baseform)과 도시의 상하수도 인프라 시설 모니터링 서비스를 개발한 것이 대표적 예다. 이 서비스는 각 지역의 수압과 수질을 모니터링하고, 지역별 물 소비 패턴으로부터 인구의 밀집도와 이동 패턴을 유추할 수 있다. 시설 효율성을 높이고 노후를 점검하는 데도 유용하다.

CC3D처럼 도시를 3차원으로 가상화하고 각종 시뮬레이션을 덧붙여 도시계획에 활용하려는 시도는 앞으로 더 본격적으로 확산될 전망이다. 그중 선봉에 선 국가가 바로 싱가포르다. 싱가포르 정부는 2014년 말 프랑스 업체 다쏘시스템(Dassault Systèmes)과 함께 6,000만 달러를 들여 건물·지형·교통·환경 등 싱가포르 전체를 3D 가상현실로 옮기는 '버추얼 싱가포르(Virtual Singapore)' 프로젝트에 착수했다.[28] 높은 인구밀도, 밀집한 건물, 혼잡한 교통, 고령화 등 싱가포르가 직면한 다양한 사회문제를 해결하는 데 기여할 것으로 기대된다. 싱가포르 정부는 도시 청결도, 대기오염도, 인구 혼잡도, 차량 움직임, 풍속 등을 실시간으로 모니터링하기 위한 센서 설치도 대폭 늘릴 예정이다. 프로젝트가 완료되면 건물이나 대중교통 신축 효과와 부작용뿐 아니

---

28 | Singapore NRF (2014. 12. 1). Unveiled: Virtual Singapore.

라 감염병 발생 시 감염 경로와 속도, 테러 발생 시 군중의 움직임 등 위기 상황에 대한 시뮬레이션도 가능해진다. 싱가포르 정부는 주차 문제나 경범죄 발생 같은 소소한 문제를 해결하는 데도 이 프로젝트가 어느 정도 기여할 것으로 기대하고 있다.

도시계획의 의사결정에 앞서 그 효과를 미리 평가해보는 것은 막대한 예산을 절감하고 개발의 효과를 높이며 부작용을 최소화하는 데 매우 중요하다. 시민과 이해관계자 그리고 정부 사이의 의견을 조율하는 과정도 도시 운영에 있어 중요한 절차다. CC3D는 이 과정을 디지털화함으로써 복잡한 정보와 이해관계자가 인터넷을 매개로 한데 모일 수 있게 했다. 도시 곳곳에 센서를 설치하는 사물인터넷과 결합된다면 아마도 그 효용을 더욱 증대시킬 것이다. IT가 살기 좋은 도시를 조성하는 데 필요한 모든 의문에 대한 답을 줄 수는 없겠지만, 미래 도시의 모습을 결정하는 주요한 열쇠가 되고 있다는 사실만큼은 분명해 보인다.

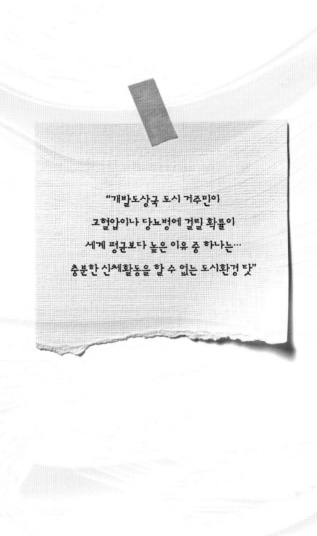

"개발도상국 도시 거주민이
고혈압이나 당뇨병에 걸릴 확률이
세계 평균보다 높은 이유 중 하나는…
충분한 신체활동을 할 수 없는 도시환경 탓"

08

세상을 바꾸는
또 하나의 따뜻한 기술

:: 카포스(Capos SpA) ::

칠레의 산티아고 지방은 점점 더 늘어나는 차량으로 골치가
아팠다. 산티아고 인구가 700만 명가량인데 차량은 400만 대를 넘어
섰다. 도로는 갈수록 혼잡해지고 주차장은 부족해졌다. 이에 따라 칠
레 정부는 2007년 산티아고의 대중교통 인프라를 대대적으로 정비하
는 '트란산티아고(Transantiago)' 프로젝트에 착수해 버스 노선 단순
화, 노후 버스 교체, 지하철-버스 겸용 교통카드 도입 등을 통해 교통
환경을 현대화하고자 했다.

트란산티아고를 계기로 칠레 정부는 산티아고를 자전거 친화 도시
로 변화시키는 노력도 병행하고 있다. 자전거 전용 도로를 확충했으며,
2014년에는 공공 자전거 무인 대여 시스템을 도입했다. 그 결과 점차
자동차 대신 자전거 타기를 즐기는 사람들이 늘어나면서 도로 혼잡이

완화되고 대기오염도 점진적으로 개선되고 있다. 긍정적 효과는 더 있다. 산티아고가 자전거 타기 좋은 친환경 도시라는 이미지가 대외적으로 홍보되면서 자전거 여행을 즐기려는 해외 관광객을 유인하는 데도 기여할 것으로 보인다. 또한 이전까지는 사회적 단절을 겪어야 했던 북동쪽 부촌과 서남쪽 서민 지역 간에 자전거 통행량이 늘어나면서 보이지 않던 사회적 장벽이 완화되는 부가적 효과도 나타나고 있다고 한다.

●
트란산티아고 프로젝트의 흐름 속에서 탄생한 스타트업 카포스

칠레의 스타트업 '카포스(Capos SpA)'는 2013년에, 산티아고의 바로 이러한 사회적 분위기 속에서 태어났다. 카포스는 산티아고 지방에서 자전거를 타고 이동하거나 운동을 즐기는 시민들을 위해 자전거 타기와 소셜 게임을 접목한 모바일 앱 '카포 바이크(Kappo BIKE)'를 개발했다. '카포 바이크'는 요즘 인기가 높은 피트니스 앱의 하나로, 스마트폰을 지닌 채 자전거를 타면 이동한 경로와 거리, 당일 날씨 등을 하나의 스토리로 앱에 기록해준다. 사용자는 이 기록을 다른 사용자들과 공유하고 소통할 수 있어 자전거 타는 재미가 배가된다. 자전거를 탄 거리와 시간, 속도, 점프 같은 동작 등을 '경험치'라는 점수로 환산해, 사용자끼리 경쟁이 가능하도록 하는 게임화 요소도 도입했다. 앱 내의 사용자 프로필과 아바타, 가상 자전거를 꾸미는 재미도 쏠쏠하다.

■ 카포 바이크 앱. (카포 바이크 홈페이지 〈http://www.kappo.bike/〉)

    카포스는 카포 바이크의 아바타와 자전거를 꾸미는 액세서리나 게임 아이템을 판매하며, 바로 이것이 광고와 함께 카포스의 주된 수익 모델이다. 2015년부터는 기업이나 학교 등이 단체로 게임에 참여할 수 있는 '쿨 플레이스 투 바이크(Cool place to bike)' 대회[29]도 개최하고 있다. 이때 팀의 규모는 팀원 15명 이하, 200명 이하, 1,000명 이하 등으로 분야를 세분화했고, 대회 신청 후 한 달 동안 누적된 점수로 순위를 매긴다. 인터넷을 통해 경쟁하던 참가자들이 시상식을 계기로 한곳에 모여 상을 나누고 함께 자전거 타기를 즐기도록 한 것이다.

---

29 | 쿨 플레이스 투 바이크 홈페이지 〈http://www.coolplacetobike.com/〉.

▍ 카포 바이크의 게임적 요소를 보여주는 화면 안내. 사용자에게 경험치를 제공하고 랭킹을 매겨 사용자 간 경쟁과 재미를 유도한다. (카포 바이크 홈페이지 〈http://www.kappo.bike/web/wellness-loyalty.php〉

▍ 카포 바이크의 아바타와 액세서리. (카포 바이크 홈페이지 〈http://www.kappo.bike/web/app.php〉)

●

유네스코가 인정한 '10대 혁신 기술' 중 하나, 카포 바이크

카포 바이크 앱의 사용자는 현재 칠레 산티아고, 아르헨티나 부에노아이레스 등 몇몇 도시 거주자들로 한정되어 있다. 그런데도, 칠레의 작은 스타트업 카포스가 전 세계적으로 이름을 알리게 된 것은 카포 바이크가 더 건강하고 자연 친화적 도시를 만들려는 시민 및 정부의 노력과 맥을 같이하고 있다는 사실 덕분이다. 카포스는 주요 도시에서 앱을 통해 수집되는 요일별·시간대별 자전거 트래픽과 이동 경로를 공개해 각 시 정부가 도시계획을 세우는 데 도움을 주고 있다. 자전거를 타고 다니는 사람들이 모두 몇 명이며 성별 구성은 어떤지, 한 번에 얼마나 오래, 얼마나 멀리 이동하는지, 출퇴근 시간에 특히 자전거 통행량이 많은 도로는 어디인지 등에 관한 정보가 그렇게 축적된다. 산티아고에서는 카포 바이크 앱을 통해 매달 3만 킬로미터 길이의 데이터가 수집된다고 한다.[30]

2015년 유네스코는 카포 바이크의 사회적 기여도를 인정해 넷엑스플로 어워드(Netexplo Award)[31] 10대 기술에 선정했다. 카포스는 꼭 거창한 기술이 아니더라도 모바일과 네트워크가 대중의 지식과 힘을 한데 모아 사회적으로 의미 있는 지혜를 만들어낼 수 있음을 보여준다.

칠레 산티아고에서 시작된 이 작은 아이디어는 전 세계로 점차 확산되고 있다. 미국의 스타트업 스트라바가 만든 동명의 서비스 '스트라바(Strava)'는 전 세계 120만 명 이상의 액티브 유저를 보유한 자전거 트래킹 앱이다. 스트라바는 카포 바이크처럼 자전거로 이동한 경로와 시간을 기록하고 다른 사용자와 공유하고 경쟁하도록 디자인됐다. 전 세계 각지에서 서비스되며, 각 지역에서 다른 사용자들이 많이 이용

---

30 | 카포 바이크 홈페이지 〈http://www.kappo.bike/〉.
31 | 유네스코가 매년 전 세계 전문가들과 함께 에너지·환경·교육 등의 부문에서 획기적 개선을 이룬 10개 기술을 선정해 수여하는 상으로 '세상을 바꾸는 따뜻한 기술'이라 불리기도 한다.

산티아고의 실시간 자전거 통행량을 보여주는 웹페이지. (카포 바이크 홈페이지 〈http://www.kappo.bike/〉)

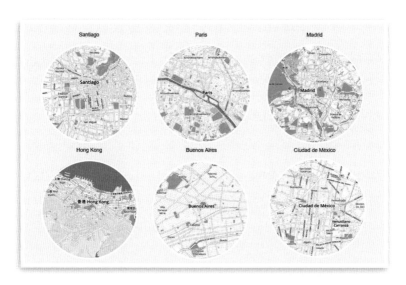

카포스는 히트맵(Heatmap)을 통해 세계 주요 도시 사용자들의 실시간 통행량을 보여준다. (카포 바이크 홈페이지 〈https://pedalheat.kappo.bike/〉)

한 '인기 있는 코스'도 확인할 수 있다. 한국에서도 인기가 높다.

2016년 4월 스트라바는 '출퇴근(#CommutesCount)' 태그가 붙은 사용자들의 자전거 타기 기록을 모아 각 도시의 교통정책 담당자들이 이용할 수 있도록 오픈했다.[32] 이에 따라 정책 담당자는 시민들이 많이 이용하는 출퇴근 경로를 점검해 문제점을 개선함으로써 자전거 이용을 증진하고 도시환경을 개선할 수 있을 뿐만 아니라, 시민들의 불평과 민원도 줄일 수 있게 됐다. 시민들 입장에서도 도로나 거리 환경을 개선해달라는 민원을 일일이 넣을 필요가 없게 된다.

공유경제 택시 서비스로 잘 알려진 '우버'도 2015년 미국 보스턴의 대중교통 계획과 도로 보수를 돕기 위해 탑승 기록을 제공하기로 결정한 바 있다.[33] 우버 탑승 기록을 통해 요일이나 시간에 따라 사람들이 어디서 어디로 많이 이동하는지를 분기마다 제공하는 것인데, 이 데이터가 궁극적으로는 도시의 교통 혼잡을 완화하는 데 기여할 것으로 기대된다.

살기 좋은 도시를 만드는 데 가장 중요한 것은 도시 곳곳의 문제를 샅샅이 파악하는 것이다. 도시 여기저기에 네트워크와 연결된 센서를 설치하는 사물인터넷이 스마트 시티 조성에 도입되고 있지만, 시민들

---

32 | Strava (2015. 6. 30). Ride with Us. Youtube 〈https://www.youtube.com/watch?v=PY4ExLQyF4w〉.

33 | Morey, T., Forbath, T. & Schoop, A. (2015. 5). "Customer data: Designing for transparency and trust". *Harvard Business Review*; "Uber offers trip data to cities, starting with boston" (2015. 1. 13). *The Wall Street Journal*.

의 눈만큼 정확하고 예리한 센서는 아직 없을 것이다. 카포스와 스트라바, 우버 사례에서 보듯 인터넷은 시민들로부터 도시의 각종 문제점을 실시간으로 제보받는 구심점으로 기능할 수 있다.

●

시민들이 도시의 크고 작은 문제를 포착하는 센서가 되다

인도 첸나이 기반의 일간지 《힌두(*The Hindu*)》는 2013년 '걸을 권리(right to walk)'라는 이름의 캠페인을 전개했다.[34] 당시 인도 정부와 세계보건기구(WHO)는 인도 인구 중 6,200만 명이 당뇨병에 걸려 있고, 7,700만 명이 당뇨병 위험 단계에 있으며, 23%가 고혈압이라는 연구 결과를 잇달아 발표했다. 2013년 5월 《란셋(*The Lancet*)》이라는 세계적 의학 저널에는 개발도상국 도시 거주민이 고혈압과 당뇨병에 걸릴 확률이 세계 평균보다 높다는 연구가 게재되기도 했다. 개발도상국 도시의 낮은 삶의 질 때문에 그렇다는 해석이 많았는데, 그 원인 중 하나로 지목된 것이 충분한 신체활동을 하기 어려운 도시환경이었다.

인간이 일상생활 중 가장 많이 하는 신체활동이 '걷기'인데, 파손되고 더럽고 위험한 인도(人道)는 보행을 심각하게 방해한다. 비가 오면 물이 고이는 보행로 역시 마찬가지이다. 첸나이만 해도 이런 보행로가 곳곳에 산재했는데, 그 탓에 시민들이 가까운 거리를 이동할 때도 오

---

34 | "Right to walk is right to health" (2013. 7. 14). *The Hindu*.

토바이를 사용하게 됨으로써 도로가 더욱 혼잡해지는 악순환이 지속되었다. 이를 해결하는 가장 단순하고 저렴한 대책은 걸을 수 없는 보행로를 찾아내 제 역할을 찾아주는 것이다. 그래서 《힌두》가 시민들로부터 개보수가 필요한 보행로 사진을 이메일로 제보받는 캠페인을 펼친 것이다.

운전을 못하거나 신체적·경제적 이유 등으로 교통시설을 이용하기 어려운 시민들도 도보나 자전거 이용만으로 안전하게 이곳저곳을 이동하며 생활할 수 있는 지속가능한 도시를 만드는 것이 최근 중요한 화두가 되고 있다. 이는 비단 밀집한 인구에 비해 인프라가 턱없이 부족하고 예산도 넉넉지 않은 개발도상국에만 해당하는 이야기가 아니다. 대기오염, 교통 혼잡, 인구 고령화 시대 등 여러 가지 풀기 어려운 사회문제와 환경문제에 직면한 우리 한국의 현안이기도 하다. 카포스나 인도 《힌두》의 아이디어는 높은 수준의 기술을 요구하는 것이 아니었다. 발상의 전환과 직관적 아이디어가 주효했다. 우리가 살아가는 도시의 크고 작은 문제를 실시간으로 찾아내고 유용한 정보를 뽑아내는 이런 아이디어, 세상을 바꾸는 참신하고 따뜻한 아이디어는 생활 곳곳에서 발견할 수 있을 것이다.

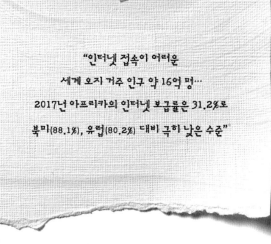

"인터넷 접속이 어려운

세계 오지 거주 인구 약 16억 명…

2017년 아프리카의 인터넷 보급률은 31.2%로

북미(88.1%), 유럽(80.2%) 대비 극히 낮은 수준"

09

자연재해가 일어나도 통신 두절이
생기지 않게 해주는 안테나

:: **고테나**(GoTenna) ::

'고테나(GoTenna)'는 2012년 11월 뉴욕에서 설립된 스타트업
이자 그 회사가 만든 휴대용 안테나 제품명이다. 전용 앱을 설치한 후
고테나를 작동시키면 이동통신망을 이용하지 않고도 서로 텍스트
형태의 메시지를 주고받거나 지도를 통해 위치 정보를 공유할 수 있
다. 151~154메가헤르츠 주파수를 이용하며, 도달 거리는 맨해튼 같
은 도시 지역에서는 1.6킬로미터, 막힌 곳이 없는 지역에서는 최대 80
킬로미터에 달한다. 다만, 사용자 모두가 고테나 제품을 가지고 있어
야 하고 스마트폰 등 무선 단말기에 내장된 GPS를 이용해 위치 정보
를 파악하기 때문에 무선 단말기와 고테나가 저전력 블루투스(BLE:

---

* | 〈http://www.internetworldstats.com/stats.htm〉.

Bluetooth Low-Energy)로 연결되어 있어야 한다.

●

허리케인 샌디가 탄생시킨 휴대용 안테나, 고테나

창업자이자 CEO인 다니엘라 페르도모(Daniela Perdomo)는 고테나를 만들게 된 계기에 대해, 2012년 10월 미국 뉴욕에서 발생한 허리케인 샌디(Sandy) 때문이라고 말한다. 당시 샌디로 인해 이동통신 중계기 등 뉴욕의 주요 통신 시설이 파손되어 많은 지역에서 통신 두절 사태가 발생하였고 시민들은 지인들의 안부를 확인하지 못해 큰 불편을 겪었다. 이렇듯 엄청난 샌디의 파괴력을 목격한 다니엘라 페르도모는 기존의 중앙 집중식 통신망 이외에도 무전기처럼 상호 간에 직접 통신할 수 있는 기기의 필요성을 깨닫고 개발에 착수한다. 사실 당시 다니엘라 페르도모는 이용자 성향을 파악해 24시간 내에 바로 떠날 수 있는 저렴한 항공권 추천 서비스 '트립 투나이트(Trip Tonight)'를 구상 중이었다. 나름 유망한 서비스라고 생각했지만, 고테나 같은 제품이 자연재해 상황은 물론 인파가 급작스레 몰리는 행사장, 기지국이 드문 산속 오지 등 다양한 지역에서 활용성이 더 높다고 보고 사업 아이템을 바꾸게 된다.

샌디 사태 직후 공동 창업자인 동생 조지 페르도모(Jorge Perdomo)는 고테나의 시스템 구조(system architecture)를 설계한다. 구조가 완성되자 다니엘라 페르도모는 MIT 미디어랩(Media Lab)과 밸랩(Bell

고테나 제품과 고테나를 백팩에 착용한 모습. 고테나의 첫 번째 제품은 직사각형 막대기 모양이며 무게는 52그램이었다. 길이는 2.4센티미터이고 안테나를 잡아당기면 5.6센티미터까지 늘어난다. 금속 소재를 사용해 내구성을 높였으며 나일론 끈을 달아 가방에 걸거나 손에 들고 다닐 수 있도록 하였다. (고테나 홈페이지 〈https://www.gotenna.com/〉)

Labs)을 찾아가 설계 타당성을 검증받은 뒤 하드웨어 개발자들이 자유롭게 개발할 수 있는 공간(hackspace)인 NYC 레지스터(Resistor)에서 고테나 개발에 본격 착수한다. 그리고 2013년 3월 마침내 첫 번째 시제품을 완성하고 2014년 7월 상용 제품 선주문(pre-order)을 받는다. 제품 생산은 나이키 퓨얼밴드 같은 소형 전자기기의 공급사슬(supply chain) 컨설팅 경험이 풍부한 리버우드 솔루션스(Riverwood Solutions)를 통해 멕시코의 전문 생산업체를 활용하기로 한다.

고테나는 직사각형 막대기 모양이며 무게는 52그램이다. 길이는 2.4센티미터이고 안테나를 잡아당기면 5.6센티미터까지 늘어난다. 금속 소재를 사용해 내구성을 높였으며 나일론 끈을 달아 가방에 걸거나 손에 들고 다닐 수 있도록 하였다. 플래시 메모리를 탑재해 100여 개의 메시지를 저장할 수 있으며, 리튬 폴리머 배터리를 내장해 연속 24시간 동안 작동한다. 마이크로 USB로 충전이 가능하며 표면에 방진·방수 처리를 해 어떤 상황에서도 통신이 가능하도록 하였다.

고테나 측은 기존 무전기와 비교할 때 개인뿐 아니라 다수의 사람(현재는 최대 10명)과 동시에 통신이 가능하다는 점, 지도를 통해 위치 정보를 정확히 공유할 수 있다는 점, 통신 종단 간 암호화(end-to-end encryption) 기반의 우수한 보안성 등을 장점으로 내세우고 있다. 실제 미국의 온라인 IT 잡지 씨넷(CNET)은 2016년 2월 모토로라 무전기와 고테나를 비교 테스트했다. 도심 지역에서는 모토로라의 무전기가 더 잘 작동하기는 했으나 주파수 간섭으로 인해 지속적으로 채널을 바꿔 줘야 하는 번거로움이 있었다. 반면, 수풀이 우거진 지형에서는 양사 제품 모두 7마일까지 통신이 가능한 것으로 판명되었다. 또한 고테나는 간단한 조작만으로 자신의 위치 정보를 정확히 공유할 수 있고 앱을 통해 통신이 언제 끊겼는지도 실시간 확인할 수 있는 등 기존 무전기와는 차별화되는 장점을 지닌 것으로 평가받았다.

●
차별화된 강점으로 거액의 투자금 유치

고테나는 2015년부터 업계와 정부로부터 동시에 주목받는다. 그해 1월 열린 CES 2015(The International Consumer Electronics Show 2015)에서는 '에디터스 초이스(Editors' Choice)', '무선 액세서리(Wireless

Accessory)', '더 좋은 세상을 위한 기술(Tech for a Better World)' 등의 부문에서 상을 휩쓸었고, 미국의 유력 경제 월간지인 《패스트 컴퍼니》 가 수여하는 '2015 혁신 디자인상'도 수상한다. 또한 뉴욕경제개발공사(New York City Economic Development Corporation)가 주관하는 RISE(Resiliency Innovations for a Stronger Economy)에서 수상하면서 허리케인 샌디로 인해 피해를 입은 1만여 개 소규모 기업 등에 고테나를 무상으로 지원하게 된다.

2016년 이후 고테나는 사업 확장 기반을 더욱 단단히 다져나가고 있다. 프로토타입을 개발하던 2013년 12월 BBG 벤처스(BBG Ventures)와 프롤리픽 벤처캐피털(Prolific Venture Capital)로부터 180만 달러를 투자받은 이후, 2016년 3월 두 번째로 월든 벤처캐피털(Walden Venture Capital) 및 7개 투자사로부터 총 750만 달러를 투자받는다. 2013년 당시만 해도 벤처캐피털들은 하드웨어 스타트업 투자에 회의적인 입장이었으나 사물인터넷이 부상하며 벤처캐피털의 시각이 바뀌었고, 그 덕분에 2016년 고테나는 2013년에 비해 3배나 많은 투자금 유치에 성공하게 된다. 다니엘라 페르도모는 투자받은 자금을 소프트웨어와 펌웨어 업그레이드 등 제품 개발과 마케팅 인력 충원에 활용할 것이라고 밝혔다.[35] 또한 같은 시기, 워싱턴에 본사를 둔 미국 최대의 아웃도어 유통업체 레이(REI; Recreational Equipment Inc.)와

---

35 | 〈https://techcrunch.com/2016/03/02/gotenna-partners-with-rei/〉.

계약을 맺고 고테나를 공급하기로 했다. 그동안 고테나는 회사 홈페이지를 통해서만 판매가 이루어졌으나 이번 계약으로 미국 전역의 레이 매장과 레이 홈페이지를 통해서도 소비자와 만날 수 있게 되었다.

고테나의 판매 실적에 관해서는 현재까지 공식적으로 공개된 바 없으나, 다니엘라 페르도모는 수만 대 이상 판매되었다고 밝히고 있다.[36] 아직까지는 미국에서만 판매하는 제품이지만 곧 세계 시장에도 진출할 예정이라고 하니, 기존 제품 대비 뛰어난 보안성과 편리함을 두루 갖춘 고테나가 스마트폰의 핵심 액세서리로 자리매김할 수 있을지 지켜볼 일이다.

36 | 〈https://techcrunch.com/2016/03/02/gotenna-partners-with-rei/〉.

안전한 세상,
하루라도 앞당겨야 할
인류의 꿈

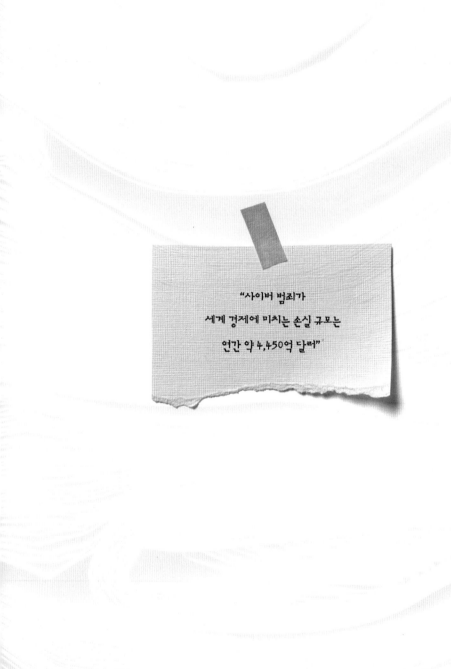

"사이버 범죄가

세계 경제에 미치는 손실 규모는

연간 약 4,450억 달러"

01

테크놀로지로
절대선을 추구하다

:: **팔란티르**(Palantir) ::

영화로도 제작되어 큰 화제를 불러일으킨 톨킨(J. R. R. Tolkien)의 판타지 소설 《반지의 제왕》을 보면 마법사 간달프가 사용하는 검은색 구슬, 곧 천리안의 능력을 가진 돌인 '팔란티르(Palantir)'가 등장한다. 소설과 영화에서 이 팔란티르는 악의 마법사 사우론이 나쁜 용도로 쓰기도 했는데, 이는 위대한 능력이란 그것을 어떻게 사용하느냐에 따라 선도 될 수 있고 악도 될 수 있음을 보여준다. 그렇다면 아마도 현대사회에서는 '빅데이터'가 바로 이런 역할을 한다고 볼 수 있지 않을까?

여기, 빅데이터를 활용해 절대선(絕對善)의 가치를 추구하는 기업이

---

* | 〈http://www.theactuary.com/news/2015/09/cyber-crime-costs-global-economy-445bn-a-year/〉.

있다. 그 이름 또한 '팔란티르'다.

●

'고담' 프로그램으로 범죄 및 사기 사건을 해결하는 데 일조

절대선을 추구하는 기업답게 창업 동기도 이색적인데, 공동 창업자 알렉스 카프(Alex Karp, 현 팔란티르 CEO)와 피터 틸(Peter Thiel, 페이팔 공동 창업자) 등은 2001년에 발생한 9·11 사태 같은 테러가 다시는 발생하지 않도록 하기 위해 2004년 팔란티르를 설립했다고 한다.[1] 특히 CEO 알렉스 카프는 이런 목적을 상기시키기 위해 회사 설립 후 지속적으로 "우리 회사의 목적은 '샤이어(Shire)'를 지키는 것"이라고 언급해왔다. 샤이어는 《반지의 제왕》에 나오는 주인공들의 고향인데, 알렉스 카프의 이 발언에서 샤이어는 '절대선의 가치'를 의미하는 정도로 해석할 수 있을 것이다.

2004년 설립 이후, 세상에 팔란티르라는 이름을 각인시킨 것은 2008년 12월 미국에서 발생한 다단계 금융 사기인 '폰지사기(Ponzi Scheme)'[2] 사건 해결에 팔란티르가 중요한 단서를 제공하면서다. 나스닥 증권거래소 위원장을 지낸 버나드 메이도프(Bernard Madoff)가 저

---

1 | "Palantir, the war on terror's secret weapon" (2011). Bloomberg Businessweek.
2 | 폰지사기란 신규 투자자들의 돈을 받아 기존 투자자들에게 나누어주는 다단계 형태의 금융 범죄로서 궁극적으로 지속가능성이 없기 때문에 최종 투자자가 손해를 보는 구조. 보통 신규 투자자를 모집하기 위해 연 10% 정도의 고수익을 제시한다.

지른 이 사건은 피해 규모가 최소 500억 달러에 이르는 것으로 알려졌는데, 이 사기극을 밝혀내기 위해 미국 연방수사국(FBI)이 분석해야했던 자료가 무려 20테라바이트(1테라바이트=1,024기가바이트)에 달하였다. 이는 500쪽짜리 책으로 따지면 2,000만 권이 넘는 분량인데, 놀랍게도 팔란티르는 단 2시간 만에 이 방대한 자료를 분석해내며 실력을 뽐냈다.

이런 일이 가능했던 것은 팔란티르가 창업할 때부터 단순히 숫자, 표, 정리된 서류 등 이미 정형화되어 분석이 쉬운 정보뿐 아니라 SNS상의 비정형적 데이터상에서도 데이터 간 연관성을 빠른 시간 안에 찾아내 누구나 이해할 수 있도록 쉽게 정리해주는 것을 회사의 목표로 삼았기 때문이다. 이는 알렉스 카프를 비롯한 창업자들이 팔란티르 창업 후 '고담(Gotham)' 프로그램 개발에 집중하며 무려 1페타바이트(1,024테라바이트)의 데이터를 실시간으로 분석해 일반인들도 알기 쉽게 시각화하는 데 성공한 덕분에 가능했던 일이다. 이 프로그램은 특히 일찌감치 미국 정부에서도 그 활용 가능성을 염두에 두고 미국중앙정보국(CIA)이 설립한 벤처캐피털 '인큐텔(In-Q-TEL)'[3]이 200만 달러를 투자해 3년간 집중 개발하여 완성되었다.

팔란티르 회사의 잠재력 자체가 이 고담 프로그램으로부터 나온다고 해도 과언이 아닌데 정부기관, 민간기업, 법률회사 등 상대하는 고

---

3 | 2009년 설립되었으며, 영화 〈007〉에서 주인공 제임스 본드를 위해 첨단 무기를 개발해주는 'Q'의 이름을 따온 데서 알 수 있듯이, 국익과 관련된 첨단 기술에 집중 투자하는 벤처회사다.

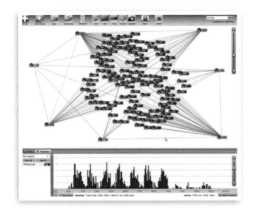

팔란티르 고담 프로그램을 시각
화한 모습. (《https://rctom.hbs.
org/submission/palantir-the-
hottest-startup-youve-never-
heard-of/》)

객의 특성상 고담 프로그램을 일반 대중에게 마케팅하지는 않는다.
다만 뛰어난 성능과 그간 이루어낸 성과 덕분에 최고급 정보만 다루어
야 하는 여러 기관 및 민간기업이 이들의 고객으로서 고담 프로그램
의 혜택을 입고 있다. 사실 팔란티르 매출의 75%가 민간기업에서 나
올 정도로 민간기업에서 그 수요가 많다. 물론 이들 민간기업 고객을
대상으로 팔란티르가 하는 일의 가장 큰 원칙 역시 '선(善)'이다. 즉 고
담 프로그램은 군사작전, 내부 금융비리 예방, 의약품 효능 분석 등 다
양한 분야에 적용되지만 무엇보다도 인류의 평화 및 범죄 방지 등에
전방위적으로 활용된다.

　고담 프로그램은 미국에서 가장 골치 아픈 범죄 중 하나인 마약 조
직 관련 범죄자 검거에도 결정적 역할을 한 바 있다. 2011년 팔란티르
는 미국 연방 마약국의 빅데이터를 분석하여 마약 조직의 구조, 핵심

인물, 행동반경, 자금 흐름 등을 밝혀냈고, 이를 바탕으로 마약 조직원 57명을 체포하였으며, 2만 달러 이상의 현찰과 금괴 등을 압수하며 마약 조직 소탕에 중추적 역할을 하였다. 그리고 이 성과를 기반으로 팔란티르는 미 연방 마약단속국(DEA)뿐 아니라 중앙정보국(CIA), 연방수사국(FBI), 국토안보부(DHS), 네이비실(Navy Seal) 등 군사작전 관련 빅데이터를 필요로 하는 미국의 주요 기관을 고객으로 확보하였다. 미국 인터넷 매체인 버즈피드닷컴(Buzzfeed.com)에 따르면, 미국 특수전사령부(United States Military's Special Operations Command), 질병예방통제센터(CDC) 등 미국 내 최소 12개 주요 기관이 고담 프로그램을 사용하고 있다고 한다.

기업가치가 200억 달러인 '유니콘' 4위 기업

전술한 바와 같이 팔란티르가 세상에 각인된 것은 금융사기 사건을 파헤치면서다. 이러한 배경 때문인지 팔란티르는 금융기관과 합작기업을 설립하여 이를 통해 금융사기 방지에 계속해서 도움을 주고 있다. 예를 들어, 2016년에는 크레딧 스위스(Credit Suisse)와 합작기업 '시냑(Signac)'을 설립하고 자사의 트레이더들을 대상으로 한 비리 감시 업무를 수행하기 시작하였다. 크레딧 스위스는 시냑을 통해 내부 계정상의 사기·비리성 주문 패턴뿐 아니라 트레이더 개개인의 행동패턴까지 분석하는 기법을 활용하여 금융사기를 예방하고 있다. 특히 지난 수년간 내부 직원 미승인 매매로 20억 달러의 손해를 본 UBS 등 내부 직원의 대형 스캔들로 고생한 글로벌 금융사들이 유사한 사건이 발생하지 않도록 예방책을 강화하는 차원에서 팔란티르의 기술력을 활용하고 있다. 팔란티르는 시낙의 분석 기법이 금융권 전반에서 내부 리스크를 줄이는 데 일조할 수 있기를 희망하고 있다.

한편 팔란티르는 인류 무병장수의 꿈을 이루는 데도 일정한 기여를 하고 있는데, 제약사와의 협업을 통해 임상시험 및 연구 과정에서 도움을 주고 있다. 팔란티르는 독일의 제약사 머크(Merck KGaA)와 파트너십 계약을 맺고 환자들이 특정 의약품에 반응해 병세가 호전되는지, 부작용은 없는지 등을 빅데이터 기반 기술로 파악하고 분석한다. 또한 제약업은 그 특성상 단순 수급 원리로는 가격이나 의약품 수요를 결정하기가 쉽지 않다. 이에 팔란티르는 약품 수요를 예측하는 방법도 개발하겠다는 궁극적 목표를 세운 것으로 알려졌다. 과거의 전통적인 방식, 즉 실험실에 의한 신약개발 혁신이 한계에 다다랐다는 평가를 받는 시점에서 빅데이터 및 인공지능이 그 대안으로 각광받고 있는데, 팔란티르 또한 이 분야에서 활약하는 기업 중 하나다.

팔란티르는 현재 기업가치가 200억 달러로 추정되며, 이는 2016년 《포천》의 유니콘 기업[4] 리스트에서 우버(공유경제/자동차), 샤오미(휴대폰/전자제품), 에어비앤비(공유경제/숙박) 등에 이어 네 번째에 해당된다.

---

4 | 기업가치 10억 달러 이상의 스타트업을 말한다.

팔란티르 이외의 나머지 3개 기업은 소비자 대상 서비스를 제공하는 데 비해 팔란티르는 정보기관 및 금융사 등 B2B 비즈니스를 전개하기 때문에 아무래도 대중적으로는 그 이름이 잘 알려져 있지 않은데, 그래서인지 미국 언론에서는 팔란티르를 가리켜 "실리콘밸리에서 가장 비밀스러운 기업"이라고 표현하기도 한다.

팔란티르의 그간 행보는 그들이 테크놀로지를 통해 절대선을 실현하고자 한다는 점을 잘 보여주었다. 점차 키지는 빅데이터의 중요성과 그 효용성의 그림자로서 발생하는 정보 범죄 확산 등이 가시화되고 있는데, 팔란티르가 이들을 제어하고 예방하는 데도 지속적으로 도움을 줄 수 있기를 희망한다.

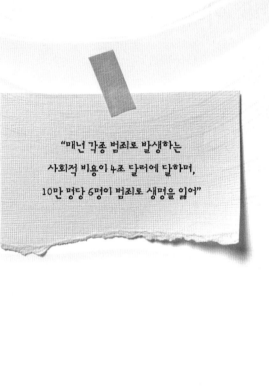

02

범죄 없는 세상을 만드는
빅데이터 기술

:: **포렌식 로직**(Forensic Logic) ::

사람의 생명을 돈으로 환산할 수야 없겠지만, 한 연구기관이 살인과 폭력 등 범죄로 발생하는 사회적 비용을 추산했더니 연간 4조 달러에 달하는 것으로 나타났다고 한다.[5] 우리나라 연간 GDP의 2배 가 넘는 액수다. 더욱이 매년 범죄로 인해 목숨을 잃는 숫자가 44만 명에 이르는데, 이는 전 세계 인구 10만 명당 6명에 해당한다.[6] 조직범죄에 휘말리거나, 가족 혹은 지인에게 희생되기도 하며, 때로는 사회적 편견과 규범, 정치적 이해관계 등이 이러한 범죄에 희생당하는 이유가

---

5 | 인명 피해, 생산성 손실, 교정시설 수감 비용 등을 포함. PPP 기준. Institute for Economics & Peace (2015). Global Peace Index 2015.

6 | UNODC(United Nations Office on Drugs and Crime). Global Study on Homicide. 〈https://www. unodc.org/gsh/〉.

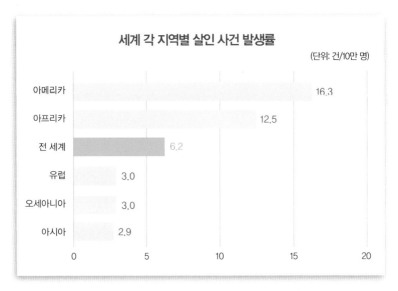

세계 각 지역별 살인 사건 발생률

(단위: 건/10만 명)

아메리카	16.3
아프리카	12.5
전 세계	6.2
유럽	3.0
오세아니아	3.0
아시아	2.9

유엔마약범죄사무소(UNODC).

되기도 한다.

살인 사건 발생률은 세계 각 지역별로 편차가 크다. 유엔마약범죄사무소(UNODC) 자료에 따르면, 중앙아메리카의 온두라스는 연간 살인 사건 발생률이 10만 명당 74.6명(2014년)으로 최악의 범죄국가라는 오명을 얻었다. 미국과 한국의 경우에도 각각 3.9명(2013년)과 0.7명(2014년)으로 격차가 있다. 이러한 지역별 격차는 사회의 노력으로 범죄를 줄일 수 있음을 반증하는 것이기도 하다. 실제로 미국의 살인 사건 발생률은 5년 만에 1.5명 감소했다. 한 해 발생하는 살인 사건이 5,000건씩 줄어들었다는 이야기다.

포렌식 로직이 개발한 범죄 기록 데이터베이스, 'LEAP 네트워크'

범죄 수사 및 예방에 기여하는 과학기술의 활약은 이제 새로울 것이 없어 보일 수도 있겠지만, 범죄에 맞서는 IT의 발전은 여전히 진행형이다. 특히 과거의 방대한 수사기록으로부터 범죄자의 위치를 빠르게 찾아내고, 나아가 범죄를 사전에 예측하는 빅데이터 기술은 범죄 수사에서도 빛을 발한다. 2003년 미국 캘리포니아에서 IT 분야의 베테랑 밥 배티(Bob Batty)와 론 메이어(Ron Mayer)가 설립한 '포렌식 로직(Forensic Logic)'이 그 선두에 있는 기업이다.

포렌식 로직은 미국 각 지역 수사기관이 축적한 범죄 기록에 대한 접근성과 활용성이 낮아 국민들이 너무 많은 범죄에 노출된다는 간단명료한 문제의식에서 탄생했다. 특히 50개 주와 1개 특별구로 구성된 미국의 경우 주별로 관할 수사기관이 달라 상호 접근이 불가능했던 정보를 한데 통합하는 것만으로도 범죄 수사에 기여하는 바가 크다.

포렌식 로직은 미국의 범죄 기록을 한데 모으기 위해 각 지역 수사기관이 보유한 형사사법 정보를 하나의 클라우드 기반 데이터베이스로 통합하고, 이를 바탕으로 한 데이터 분석·검색 플랫폼을 개발했다. 이로써 포렌식 로직과 협력한 수사기관은 미국 전 지역의 범죄 정보에 접근함으로써 수사에 필요한 정보를 쉽게 검색할 수 있게 되었다.

포렌식 로직이 개발한 범죄 기록 데이터베이스의 명칭은 'LEAP 네트워크'로, 데이터 수집·분석·통합적 활용 등 크게 3가지 기능으로 구

포렌식 로직의 주요 고객

미국 연방보안관실	미국 이민세관집행국	샌프란시스코 경찰국
미국 연방수사국	미국 국토안보부	미국 주류·담배·화기 및 폭발물 단속국

성된다.

첫 번째 기능은 각 기관이 박스째 보관하고 있는 종이문서부터 최신 기록물 관리 시스템에 저장된 디지털 파일까지 제각기 다른 형식의 데이터를 단일 형식으로 수집하는 것이다. 범죄 발생 날짜와 장소, 단서, 범인 및 용의자에 관한 각종 데이터가 미국 연방정부가 정한 FIPS(Federal Information Processing Standards)[7] 형식으로 암호화된

---

7 | 미국 연방정부가 제정한 정보 시스템의 데이터 형식 및 암호화 표준으로 국방 목적을 제외한 정부의 여러 시스템에 적용된다.

후 다시 미국 연방수사국(FBI)의 형사사법정보국(CJIS; Criminal Justice Information Services Division)이 정한 보안 기준에 부합하는 통합 클라우드 서버로 전송된다. 자격 없는 사용자의 접속이나 악용을 막고자 한 조치이다.

LEAP에는 수사기관 700여 개의 형사사법 정보가 통합되어 있는데, 각 기관의 수사관 등 인증된 사용자는 PC든 스마트폰이든 간에 웹 접속이 가능한 기기를 통해 이 모든 정보에 접근할 수 있다. 포렌식 로직은 데이터의 가치와 효용을 높이기 위해 LEAP 시스템에 최신 정보 검색, 분석, 자동 보고서 작성 기술을 탑재했다.

"빅데이터 분석은 수사관 개인이 파악하기 어려운 복잡한 인과관계를 밝혀낼 때 빛을 발한다. …… 그러나 시스템 개발자와 수사기관이 협력해야 한다는 점은 넘어야 할 산이다." 인터폴의 선임 자문관(senior advisor)이자 미래범죄연구소(Future Crimes Institute) 설립자인 마크 굿맨(Marc Goodman)의 말이다.[8] 포렌식 로직은 이러한 문제를 해결하기 위해 28년간 경찰관으로 재직한 에릭 브레셔스(Eric Breshears)를 상품 개발 부문장으로 영입하였다. 또한 LEAP 네트워크에 참여하고 있는 수사기관별 담당자를 시스템 통합과 검증 절차에도 참여시켰다.

---

8 | Rozenfeld, M. (2014. 9. 15). "The future of crime prevention". IEEE The Institute.

마치 마법과도 같은 LEAP 시스템의 활용

포렌식 로직은 수사기관이 보유한 정보 외에도 뉴스나 인터넷 정보, 사설 기관이 보유한 범죄 관련 정보까지 통합해 시스템의 범용성을 높인다. 기존에 알려지지 않은 범죄에 관한 다양한 연관관계를 규명하기 위해서다. 미국 전역의 1만 4,000명 이상의 수사관이 하루 2,300건 이상 LEAP에 접속하는데, LEAP의 통합적 정보는 국제 마약 밀수, 총기 밀반입, 인신매매 등 범국가적 조직범죄 추적에 유용하다. 예컨대 LA 카운티 80개 도시의 정보를 통합한 결과, 도시를 옮겨 다니며 도주하는 용의자들의 동선을 추적해 현재 위치를 추정함으로써 검거에 큰 도움을 줄 수 있었다.[9]

범죄 수사에서 LEAP의 진가는 이를 이용 중인 수사기관의 평을 통해서도 가늠할 수 있는데, 그들은 "이제 LEAP의 정보 없이 수사하는 것은 불가능하다", "용의자 검거의 80%가 LEAP로 인해 가능했다", "마치 마법 같다" 등으로 그 가치를 높이 평가하고 있다.

총기 사고와 테러 위협이 커지고 있는 미국에서는 포렌식 로직 외에도 범죄 수사에 도움이 되는 빅데이터 분석 기술을 개발하여 제공하는 기업이 늘고 있다. 예컨대 IBM은 2015년 6월 LEAP와 유사한 클라우드 시스템 'i2 캅링크 온 클라우드(i2 COPLINK on Cloud)'를 공개

---

9 | Rozenfeld, M. (2014. 9. 15). "The future of crime prevention". IEEE The Institute.

했다. 이 시스템은 세계 최대 규모인 10억여 개의 형사사법 정보를 통합한 것으로, 모든 수사기관에서 활용할 수 있다. 인공지능 컴퓨팅 '왓슨(Watson)'의 기반이 된 IBM의 데이터 분석 기술을 집약해 차량번호판, 문신, 별명 등 부분적 정보를 유추하는 '퍼지 검색(fuzzy search)' 기능을 갖추었고, 특정 장소나 요일별로 자주 발생하는 범죄 유형을 지도상에 표시해주는 공간지리 정보 매핑 기능도 갖추었다. IBM 세이퍼 플래닛(Safer Planet) 부문 사장인 로버트 그리핀(Robert Griffin)은 "40명의 경찰력을 보유한 부서에서도 4만 명의 경찰력을 보유한 부서와 동일한 데이터와 분석 툴을 활용할 수 있다"라고 밝혔다.[10]

앞서 소개한 바 있는 팔란티어 또한 빅데이터 분석과 범죄 전문가의 수사를 결합해 국제적 금융사기, 어린이 인신매매, 테러 범죄 등의 단서를 찾아내는 기업이다. 포렌식 로직과 IBM, 그리고 팔란티어의 사례는 IT의 순기능을 잘 보여준다. 그러나 범죄 없는 세상을 위한 빅데이터 기술의 갈 길은 아직 멀다. 수사에 참고하는 정보에서 한 발 더 나아가 범죄 행위를 소명하는 법적 증거로 사용되려면 시스템의 정확도를 높이고 사회로부터 신뢰성을 인정받아야 한다. 인권침해 우려도 제기되고 있으니 그 문제 역시 해결해나가야 할 것이다. 안전하면서도 개인의 권리가 충분히 보장되는 사회를 만드는 데 필요한 솔루션, 어쩌면 그 역시 스타트업에 의해 탄생할지 모를 일이다.

---

10 | "IBM brings one of the world's largest networks of more than a billion law enforcement shareable documents to the cloud" (2015. 6. 22). IBM Press Release.

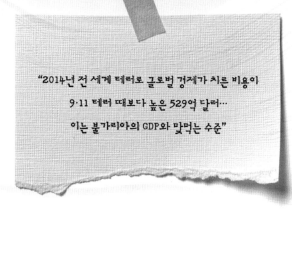

03

현실화되고 있는
프리크라임 시스템

:: **컬처로믹스**(Culturomics)·**헌치랩**(Hunchlab)·**프레드폴**(Predpol) ::

최근 사회가 시스템 위험에 취약해진 상황에서 정치·사회적 불확실성은 더 높아졌고, 그런 이유로 미래에 닥칠 위험을 예측해주는 기술이 각광받고 있다. 마치 새해가 되면 사람들이 신년 운세를 보면서 나쁜 기운을 예측해보고 미리 피할 방법을 강구하는 것처럼 말이다.

개인도 개인이지만, 정부 차원에서도 단순히 범죄뿐 아니라 지정학적 리스크 또는 정치적·사회적·경제적 리스크를 미리 예측해서 대응하는 것이 매우 중요한 일이 되었다. 세계경제포럼(WEF)은 매년 총 50개의 '글로벌 리스크(Global Risks)'를 선정해 발표하는데, 인플레이션·인프라 투자 지연 같은 경제적 리스크를 비롯해, 지진·쓰나미·이상기후 같은 환경적 리스크, 조직범죄 확대·자원 민족주의 같은 지정학적 리스크 등 50가지 글로벌 리스크 각각의 발생 가능성과 영향력을 분석해 알려준다.

그런데 최근에는 글로벌 리스크를 예측하는 기술 트렌드가 변화하고 있다. 이전까지는 주로 국제 정세의 정무적 판단, 이를테면 군사적 움직임 같은 것들로 위험을 감지했다면, 이제는 IT와 빅데이터, 인공지능 기술 등을 이용해 좀 더 정교화함으로써 예측 가능성을 높이고 있다. 마치 톰 크루즈가 주연한 할리우드 영화 〈마이너리티 리포트(Minority Report)〉에서 볼 수 있었던 것처럼 말이다. 이 영화는 살인이 일어나기 전에 범죄자를 미리 체포하는 '프리크라임(pre-crime)' 시스템을 소재로 하고 있는데, 범죄가 일어날 시간과 장소, 용의자를 사전에 미리 예측해 '미래의 범죄자'를 체포하는 이야기다. 문제는 이러한 가상현실이 과연 실현 가능한가 하는 점인데, 놀랍게도 이미 그런 사례가 등장하고 있다.

●

인간행동 예측 프로그램 '컬처로믹스 2.0'

우선, 사회적 갈등이나 불안정성을 예측할 수 있는 기술을 살펴보자. 이 기술은 주요 정치·사회·경제 이슈나 사건에 대해 일반 대중이 어떤 생각을 가지고 있는지를 분석함으로써, 향후 촉발 가능성이 높은 사회적 불안 요인을 예측하는 빅데이터 기반 기술이다. 이미 트위터나 페이스북 등의 SNS를 통해 여론을 파악하는 시도가 이루어지고 있는

컬처로믹스 2.0 프로그램으로 분석한 빈 라덴에 관한 전 세계 여론의 추이. 사진상의 선들은 1979년부터 2011년까지 '빈 라덴'이란 이름이 검색·보도된 장소의 위치 간 연결 정도를 도식화한 것으로, 연결의 밀도가 높은 곳으로 빈 라덴의 은신처를 추정. (Leetaru, K. H. (2011). "Culturomics 2.0: Forecasting large-scale human behavior using global news media tone in time and space". ⟨http://firstmonday.org/ojs/index.php/fm/article/view/3663/3040⟩)

데, 여기에다 비정형적 데이터 속에서 긍정적 반응과 부정적 반응의 추이를 실시간으로 모니터링함으로써 실제 벌어질 만한 위협을 예측하는 것이다. 대표적 사례가 미국 일리노이 대학 칼레브 리타우(Kalev Leetaru) 박사 연구팀의 '컬처로믹스(Culturomics) 2.0'이라는 인간행동 예측 프로그램이다. 이 프로그램이 유명세를 타게 된 계기는 이집트 독재자 무바라크 대통령, 오사마 빈 라덴 등 공공의 적이 된 인물들에 대해 예측 능력을 보여준 일이었다.

무바라크 대통령의 정권 퇴진을 예측했을 때를 보면, 미국 정부의 오픈 소스 센터(Open Source Center), 《뉴욕타임스》, BBC 등 각종 미디어에서 지난 수십 년간 축적된 1억 건 넘는 기사 속에서 긍정적인 톤과 부정적인 톤을 분별하고, 위치 정보 및 슈퍼컴퓨터 노틸러스(Nautilus)를 통해 여론의 추이까지 종합적으로 분석하였다. 분석 결과 무바라크 독재정권 퇴진 직전의 여론이 그 전 30년과 비교해 급격히 악화되었음을 밝혀낼 수 있었다. 오사마 빈 라덴의 은신처 위치를 200킬로미터 이내로 좁혀주어 그를 찾아내는 데 혁혁한 공을 세운 것 역시 이 컬처로믹스 2.0 프로그램이다.

이와 같이 컬처로믹스 2.0 등 유사한 예측 프로그램이 세계 곳곳에서 발생 가능한 정치·사회학적 불안정성을 미리 파악하여 위기를 미연에 방지할 가능성을 높여주고 있다.

●

범죄 예방 소프트웨어, '헌치랩'과 '프레드폴'

다음으로 〈마이너리티 리포트〉에서 등장한 바로 그 '범죄 예측' 기술을 살펴보자. 이 기술은 이미 상용화되었는데, 미국 플로리다 주 마이애미 경찰이 범죄 발생 예측 소프트웨어 '헌치랩(Hunchlab)'을 범죄 예방에 이용하고 있다. 헌치랩은 우리말로 '범죄 예측 실험실' 정도로 번역할 수 있는데, 전산 기록이 존재하는 때를 기점으로 삼아 미국 전역에서 벌어진 모든 강도·절도 사건의 유형과 범행 시간 등의 빅데이터 통계를 기반으로 범죄 발생을 예측해서 지도에 표기해준다. 이렇게 도출된 '범죄 발생 예상 지역 지도'를 인근 지역을 순찰하는 경관들에게 실시간으로 전달하고, 경찰은 예상 우범 지역에 경관을 미리 배치해

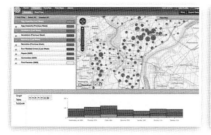

▌ 헌치랩 프로그램의 위험 지역 표시. 발생 범죄 가능성이 높은 지역을 진한 색 스팟으로 시각화.
〈〈http://gis-elektrika.blogspot.kr/2012/01/azaveas-hunchlab-or-maybe-call-it.html〉〉

범죄 발생 가능성을 사전에 차단한다.

이 프로그램을 통해 밝혀진 범죄 발생 가능성이 높은 지역은 '금요일 밤 술집이 밀집된 지역', '젊은 사람이 밀집된 지역의 뒷골목', '새벽녘의 총기점이나 보석상' 등이었다.[11] 또한 가시성이 나빠지는 우천 시나 안개가 많이 끼는 날처럼, 동일한 우범 예상 지역이라도 범죄 가능성이 더 높은 날이 언제인지 알려주는 등 범죄 가능성을 다각도로 분석해준다.

그동안은 주로 범죄 통계를 사후에 관리했는데 헌치랩을 이용하면 빅데이터를 기반으로 사전적 예측성을 실현할 수 있다는 점에서 미래의 범죄를 줄이는 데 크게 기여할 것으로 기대된다. 이에 따라 마이애미 경찰뿐 아니라 뉴욕 시에서도 이 기술을 도입하는 등 범죄 일선에

11 | Azavea (2015). HunchLab Missions: Under the Hood.

서 활약하는 경찰들을 중심으로 이 기술이 범죄 예방에 크게 활용되고 있다.

헌치랩이 주로 마이애미와 뉴욕 등 미국은 물론 전 세계에서 인기 있는 범죄 드라마 〈CSI〉 시리즈의 배경이 되는 지역에 주로 적용되었다면, 많은 할리우드 영화에서 범죄의 배경이 되곤 하는 로스앤젤레스에서도 헌치랩과 유사한 범죄 예측 시스템이 활용되고 있는데, 이름하여 '프레드폴(Predpol)'이라는 프로그램이다.

프레드폴은 헌치랩과 마찬가지로, 수년간의 과거 범죄 데이터를 분석하고 그 패턴을 파악해서 범죄 발생 위험이 높은 장소와 시간을 예

프레드폴 프로그램의 범죄 예측. 강도나 차량 범죄 등 범죄의 종류에 따라 예상 범죄 발생 지역을 표시. (〈http://news.wabe.org/post/concerns-arise-over-new-predictive-policing-program〉)

측해주는데, 캘리포니아 소재 유수 대학의 수학과와 사회과학 분야 교수들이 참여해 무려 6년간 연구한 끝에 완성되었다. 더욱이 프레드폴은 빅데이터 분석뿐 아니라 지진 발생 이후 여진을 예측하는 알고리즘 기술까지 활용하여 범죄 예측의 정확성을 높이고 있다.

로스앤젤레스 풋힐 지역은 2013년부터 2014년까지 프레드폴 프로그램을 이용했는데 그 후 범죄율이 20%가량 감소했고, 캘리포니아 주 알램브라 지역에서는 차량 절도 및 강도 사건이 각각 20%, 32% 줄어들었다고 한다. 범죄 예측 프로그램의 효과성을 증명해주는 사례다.

사실 영화 〈마이너리티 리포트〉는 단순한 범죄 예측을 통해 사전 검거까지 하는 설정이기 때문에 윤리성 문제 및 예측 실패 시의 논란이 생겨날 소지가 있지만, 앞서 소개한 3가지 기술은 현실세계에서 발생할 수 있는 범죄 리스크를 예상하고 예방한다는 점에서 실질적 필요를 갖는다고 볼 수 있다. 앞으로 더 정교한 알고리즘 개발을 통해, 적어도 '대응이 충분하지 못해 피해를 입을지언정 예상하지 못한 리스크 때문에 피해를 보게 되지는 않는' 사회가 실현되길 꿈꾸어본다.

04

재범률을 낮추는
가장 효과적인 방법은 무엇일까?

:: 제이페이(JPay) ::

교도소 같은 교정(矯正)시설은 범죄자를 사회로부터 격리시키고 처벌하는 역할도 하지만, 더 큰 목적은 수형자를 교화해 사회로 돌려보내는 것이다. 그런데 교정시설 운영에는 비용이 든다. 전 세계에서 범죄자 교정시설을 관리하는 데 연간 5,000억 달러 가까이 소요된다고 하며, 이는 범죄로 인해 발생하는 사회적 비용의 10% 이상에 해당된다.[12] 문제는 예컨대 미국에서는 출소자의 36%[13]가 3년 이내에 다

---

12 | PPP 기준. Institute for Economics & Peace (2015). Global Peace Index 2015.

13 | "Justice Department Report Reveals The Biggest Failure Of America's Prisons" (2014. 4. 22). Business Insider; Durose, M. R., Cooper, A. D. & Snyder, H. N. (2014. 4). "Recidivism of Prisoners Released in 30 States in 2005: Patterns from 2005 to 2010", Bureau of Justice Statistics Special Report, NCJ 244205. 〈http://www.nij.gov/topics/corrections/recidivism/pages/welcome.aspx〉.

시 범죄를 저지르고 수감되며, 한국 역시 재복역률이 22%에 달한다는 사실이다.[14] 그렇다면 교도소의 교화 기능이 제대로 작동하는 것이야말로 범죄 예방에 매우 중요한 요인일 것이다.

교도소에 갇힌 재소자는 시간이 갈수록 자신이 사회로부터 소외되어 있으며, 출소 후 사회에 제대로 적응할 수 없을 것이라는 불안을 느낀다. 영국 워릭 대학교의 연구 결과에 따르면 영국 여성 재소자의 49%, 남성 재소자의 23%가 불안장애와 우울증으로 고통받는다고 한다.[15] 이를 방치하면 자해, 심한 경우 자살로 이어질 수 있다. 이들에게 가장 효과적인 치료약은 '내 이야기를 들어줄 누군가'이다. 실제로 외부 자원봉사자와 편지를 주고받은 재소자의 54%가 출소 이후의 생활에 대해 보다 긍정적인 생각을 갖게 되었다고 답변하였다.[16] 재소자들 스스로 평범한 사람에게 받아들여진다는 느낌을 갖게 함으로써 갱생 의지를 높여준 것이다.

그렇다면 재소자가 교도소 바깥의 세상과 지속적으로 소통하도록 하는 데 IT가 기여할 수도 있지 않을까. 바로 이런 아이디어를 실현시킨 스타트업이 있다.

---

14 | 대한민국 법무부["출소자 5명 중 1명은 재복역… 절도·마약사범 재복역률 높아" (2014. 10. 13). 《파이낸셜뉴스》 재인용].

15 | 이 증세로 고통을 겪는 영국 국민 평균은 여성 19%, 남성 12%에 이른다. Hodgson, J. & Horn, J. "Imagining more than just a prisoner: the work of prisoners' penfriends" (2015. 4. 18). Warwick School of Law Research Paper No. 2015/12.

16 | Hodgson, J. & Horn, J. "Imagining more than just a prisoner: the work of prisoners' penfriends" (2015. 4. 18). Warwick School of Law Research Paper No. 2015/12.

'교정 기술의 애플'이라 불리는 업체

2002년 미국 플로리다에서 문을 연 제이페이(JPay)는 '늘 연결되어 있도록(Stay Connected)'이라는 기업 슬로건처럼 재소자가 교도소 밖의 가족이나 지인, 사회와 지속적으로 소통할 수 있도록 돕는 IT 제품과 서비스를 제공하는 기업이다.

제이페이의 별명은 '교정 기술의 애플'이다.[17] 재소자용 MP3 플레이어로 시작해 태블릿 PC, 앱 스토어, 음악 다운로드 서비스 등 제이페이가 제공하는 주요 상품이 애플과 유사해 이런 별명이 붙었다. 덕분에 제이페이의 창업자 라이언 사피로(Ryan Shapiro)를 '교정 기술의 스티브 잡스'라 부르는 사람들도 있다.[18]

한 스타트업에서 마케팅 담당자로 근무하던 사피로가 제이페이를 창업한 동기는 개인적 경험에서 비롯된다. 2001년 사피로의 친구 어머니가 공금 횡령 혐의로 뉴욕의 악명 높은 라이커 아일랜드 구치소에 수감되었다. 친구의 어머니는 이곳에서 안전한 수형 생활과 일정 수준의 식생활을 유지하려면 매주 돈이 들어와야 한다는 것을 깨달았다. 하지만 당시 사피로의 친구는 모친에게 돈을 전달하기 위해 100명이 넘는 사람들과 함께 줄을 서서 구치소 직원에게 현금을 건네야 했다. 게다가

---

17 | "This controversial device is changing the way inmates interact with the outside world" (2015. 7. 29), Business Insider.

18 | "JPay, the Apple of the U.S. prison system" (2012. 9. 14), Bloomberg.

어머니에게 돈이 제대로 전달되었는지 확인받는 통화를 하기까지 다시 1~2주간 노심초사 기다려야 했다. 사피로는 당시를 "이 업계를 뒤집을 만한 혁신이 필요하다는 게 분명해 보였다"[19]라고 회고한다. 그렇게 해서 생각해낸 것이 투명하고 안전한 재소자용 송금 서비스 '제이페이'였다. 이듬해에 그가 탄생시킨 스타트업의 명칭은 여기에 기인한다.

제이페이는 컴퓨터나 전화를 이용해 재소자에게 영치금을 송금할 수 있는 서비스로, 각 교도소의 허가와 모니터링을 받아 운영되기 때문에 안전하고 투명하다. 제이페이를 통해 보낸 돈은 하루 이내에 재소자에게 전달될 만큼 빠르기도 하다. 제이페이는 송금에 대한 소정의 수수료를 매출로 취한다.

이어 제이페이는 교도소용 키오스크(kiosk)와 재소자용 MP3 플레이어를 판매하였다. 무인 정보전달 시스템 키오스크는 교도소 공용 공간에 설치되어 재소자들이 전용 이메일이나 비디오 면회 시스템을 이용할 수 있도록 지원한다. 단, 이메일 내용은 교도소 측에서 모니터링을 하며 이 때문에 발신부터 수신까지 48시간이 소요된다. 제이페이는 이메일 발신에 필요한 디지털 우표인 '스탬프(stamp)'를 판매한다. 제이페이의 MP3 플레이어를 구입한 재소자는 키오스크를 통해 1만 곡 이상의 음악을 다운로드받을 수 있다.

제이페이가 '교정 기술의 애플'로서 특히 유명세를 얻게 된 것은 재

---

19 | "This controversial device is changing the way inmates interact with the outside world" (2015. 7. 29). Business Insider.

제이페이의 교도소용 키오스크.
("Technology helps inmates maintain
family ties" (2016. 4. 25). Washington
State Department of Corrections)

소자 전용 태블릿 PC를 내놓으면서다. 재소자가 직접 구입할 수도 있고 가족이나 지인이 구매해 선물할 수도 있는데, 이 태블릿 PC를 이용하면 수용 시설 안에서 음악 감상, 이메일 송수신, 사진 감상, 화상 면회 등이 가능하고 앱 스토어에서 게임을 다운로드받을 수도 있다. 물론 이를 허용하는 교도소에 한해 그렇다는 것이고, 외부와 주고받는 모든 메시지는 감시와 승인을 받아야 한다.

최근에 내놓은 태블릿 PC는 'JP5 미니'라는 모델로 4.3인치 화면에 가격은 불과 70달러다. 안전성을 위해 기기는 폴리카보네이트 재질의 케이스로 밀봉돼 있어 분해가 불가능하며, 연장으로 두드리거나 9미터 높이에서 던져도 깨지지 않을 정도로 견고하다.[20] 기존에 설치된 시스

---

20 | "The tablet designed for America's prisons" (2015. 7. 15). TabTimes.

▍ 제이페이의 재소자용 태블릿 'JP' 시리즈. (〈http://jpay-login.net/7-cool-
   facts-of-jp5mini-tablet-for-prison-inmates/; http://jpay-login.net/jp5s-
   and-jp5mini-jpay-tablet-for-inmates/〉)

템만 이용할 수 있을 뿐 다른 소프트웨어 설치는 불가능하다. 또 제이
페이에 등록된, 사전에 허가받은 사용자만 해당 기기를 사용할 수 있도
록 함으로써 만에 하나 교소도 내 절도 사건이 일어나지 않도록 원천

봉쇄한다. 2015년 기준으로 미국 34개 주 교도소에서 제이페이의 태블릿 PC 사용을 허가했다. 이들 교도소의 재소자는 190만 명에 달한다.[21]

●
교도소의 교정 기능을 개선하고 사회적 비용을 줄여주는 서비스

제이페이는 제공하는 콘텐츠의 범위도 넓혀가고 있다. 재소자의 재범 예방을 좀 더 적극적으로 돕고자 2015년 11월에는 교육 플랫폼 '랜턴(Lantern)'을 출시했다.[22] 실제로 이러한 교육이 재범률을 낮추는 가장 효과적이고 생산적인 수단으로 여겨지고 있다. 미국 교도소 수감자의 70%가 독해 능력이 초등학교 4학년 이하 수준인데, 교도소에서 교육을 받을 경우 재범률이 43% 가까이 줄어든다는 것이다. 또한 출소 이후 직업을 얻을 확률이 교육을 받지 않은 재소자에 비해 13%가량 높다.[23] 하지만 비용, 운영, 안전성 등 교도소에서 제공할 수 있는 교육 프로그램은 아무래도 한정적일 수밖에 없다.

제이페이는 디지털 기술과 오픈 소스 프로젝트를 통해 재소자 교육에 필요한 비용과 물리적 제약을 크게 완화하였다.[24] 예를 들어, 교육

---

21 | "The tablet designed for America's prisons" (2015. 7. 15). TabTimes.

22 | "JPay proudly makes KA lite videos available to inmates, providing much-needed access to free education" (2016. 2. 24). PRNewswire.

23 | "JPay's KA Lite education app for inmates helps rehabilitate prisoners" (2016. 3. 6). Digital Trends.

24 | "JPay proudly makes KA lite videos available to inmates, providing much-needed access to free education" (2016. 2. 24). PRNewswire.

격차 해소를 목적으로 하는 비영리기관 칸 아카데미(Kahn Academy)[25]와 힘을 합해 고등학교와 대학교 등의 학습 자료를 배포하는 오픈 소스 소프트웨어 'KA 라이트(KA Lite)'를 개발했다.[26] 이 소프트웨어는 기관 내 특정 서버에 콘텐츠를 두고 태블릿 등으로 이에 접속해 교육 비디오를 다운로드받을 수 있도록 하여 외부 인터넷 접속이 제한되는 교도소 같은 환경에서 사용하기에 적합하다. 재소자는 제이페이 키오스크에서 태블릿으로 교육용 비디오를 다운로드받으면 되고, 다른 사업과 달리 이 서비스는 무료로 제공된다. 2016년 2월 기준으로 50개 시설에서 32만 5,000건 이상의 다운로드가 이루어졌다.[27]

또한 제이페이는 비디오 면회 시스템도 제공하고 있다. 해당 시설에 비디오 면회를 신청하면 이를 승인해 스케줄을 잡아주는 방식이다. 면회자는 웹캠과 PC를 준비한 후 제이페이 홈페이지에 접속해 해당 시스템을 이용할 수 있다. 비디오 면회는 시설에서 수형자를 제어하고 감시하는 것을 수월하게 하고 비용을 줄이는 데도 큰 도움을 준다. 교도소에서는 면회라는 절차를 관리하기 위해 직원의 노동이 필요하고 재소자가 이동할 때나 면회할 때 시설의 안전을 저해하는 부정행위나 사고가 발생하지 않도록 주의를 요한다. 실제로 트라이브릿

---

25 | 칸 아카데미 홈페이지. 〈https://www.khanacademy.org/〉.

26 | KA 라이트 홈페이지. 〈https://learningequality.org/ka-lite/〉.

27 | "Jpay's KA Lite education app for inmates helps rehabilitate prisoners" (2016. 3. 6). Digital Trends.

지(Tribridge)라는 연구기관에 따르면 미국 교도소 관리자의 98.5%가 예산 부족이 교도소 관리의 심각한 장애 요인이라고 답변했다.[28]

비디오 면회 시스템의 가장 큰 장점은 재소자가 외부와 더 자주, 더 오래, 더 수월하게 소통할 수 있다는 것이다. 제이페이의 비디오 면회를 제공하는 교도소 중 일부는 면회 시간을 최대 30분까지 허용한다. 비디오 면회 시스템을 제공하는 또 다른 업체 홈웨이브(HomeWav)에 따르면, 비디오 면회 시스템을 도입한 교도소 재소자들의 재범률이 크게 줄었는데, 특히 흉악 범죄가 13%나 감소했다고 한다.[29]

제이페이 같은 업체가 등장하기 전, 재소자가 외부 사회와 소통할 방법은 편지나 전화 또는 교도소 현장 면회에 불과했다. 물론 아직도 이메일이나 비디오 면회 시스템을 제공하지 않는 교도소가 많다. 재소자의 소통과 교육을 지원하는 것은 재소자의 정신을 건강하게 함으로써 재범률을 낮추는 한편, 시설의 안전성을 강화하고 비용을 낮추는 데 도움이 된다. 그리고 이것은 궁극적으로 사회적 비용의 감소로 이어진다. IT로 인해 교도소의 교정 기능이 어떻게, 얼마나 개선될 수 있는지에 관한 실험은 앞으로도 지속될 것이다. 한편, 제이페이는 2015년 시큐러스(Securus)에 인수되었다.

---

28 | Tribridge (2014). "Challenges, changes & choices for jails, prisons and corrections facilities: New requirements demand new technology" ["How IT can aid prison reform" (2015. 7. 16). *StateTech*에서 재인용].

29 | 홈웨이브 홈페이지 〈http://www.homewav.com/benefits/〉.

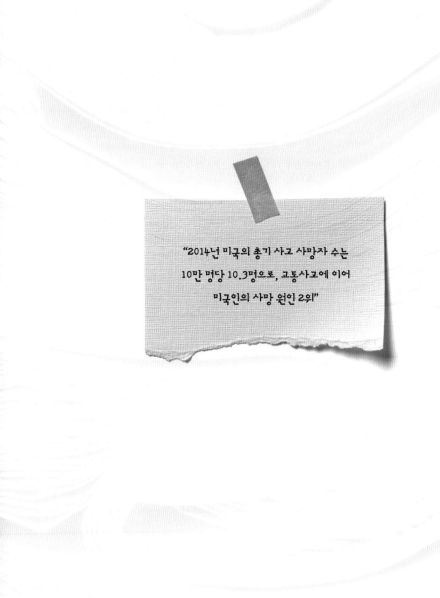

"2014년 미국의 총기 사고 사망자 수는
10만 명당 10.3명으로, 교통사고에 이어
미국인의 사망 원인 2위"

05

총기 사고를
실시간으로 모니터링하다

:: SST ::

1999년 4월 미국 콜로라도 주에 위치한 컬럼바인 고등학교에서 전 세계를 충격에 빠뜨린 총기 사건이 벌어졌다. 이 학교에 재학 중이던 10대 학생 2명이 900여 발의 실탄을 난사해 13명을 살해하고 스스로 목숨을 끊은 것이었다. 그리고 2017년 10월에는 라스베이거스의 한 호텔에서 약 60명이 목숨을 잃은, 미국 역사상 최악의 총기 난사 사건이 발생하였다.

미국 질병통제예방센터(CDC)에 따르면 2014년 미국에서 총기 사고로 사망한 사람의 수는 10만 명당 10.3명으로, 교통사고에 의한 사망률과 비슷한 수준이다. 미국과 마찬가지로 민간의 총기 소지를 허용하는 스위스의 총기 사고 사망자가 인구 10만 명당 3.08명에 불과하다는 사실과 대조된다.

미국에서는 총기 구입이 쉽다. 총기 소지에 나이 제한을 두는 주(州)가 20여 개에 불과하며, 나이 제한이 없는 그 이외의 주에서는 심지어 초등학생도 총기 소지가 가능하다. 2016년 6월 발생한 올랜도 총기난사의 범인 오마르 마틴은 FBI의 잠재적 테러 용의자로 분류되어 있었음에도 불구하고 총기를 합법적으로 구매할 수 있었다. 미국에서 총기 규제 강화 논의가 지속되고 있는 이유다.

●

총기 사고를 감지하고 발생 지점을 찾아내는 '샷스파터'

미국 동부에서 총기 규제에 관한 정치권의 찬반 입장이 수십 년간 평행선을 달리는 동안 서부 실리콘밸리에서는 총기 사고를 실시간으로 모니터링할 수 있는 기술이 발전해왔다.

마이크를 포함해 다양한 종류의 센서로 화기(火器)가 발사된 시각과 지점을 실시간 감지하는 컴퓨터 시스템으로 '건 로케이터(Gun Locator)'라는 것이 있다. 건 로케이터는 치안이나 군사용으로 쓰일 뿐 아니라 주요 국가 시설이나 기업의 방범에도 활용된다.

미국 캘리포니아에 위치한 'SST'[30]는 이 분야를 선도하는 회사다. 1996년 3명의 과학자가 단 3개의 음향 센서로 소리를 감지하고 발생 지점을 찾아내는 기술을 개발해 특허를 취득하면서 사업을 시작했다.

---

30 | 설립 당시 회사의 이름은 핵심 상품의 이름과 같은 '샷스파터(ShotSpotter)'였다.

창업자 중 한 사람인 로버트 쇼웬(Robert Showen) 박사가 2014년 실리콘밸리 지적재산권협회에서 수여하는 '올해의 발명가'로 선정됐을 정도로, SST가 보유한 기술력은 매우 우수하다.

SST의 핵심 상품이자 건 로케이터 기술인 '샷스파터(ShotSpotter)'는 총기 발사나 폭발로 의심되는 소리가 감지되면, 3개의 센서로 감지된 유입 음파의 강도와 시차를 분석해 3미터 이내의 오차로 발사 지점을 찾아낸다. 샷스파터의 센서는 360도 방향에서 유입되는 음향을 감지할 수 있다. 그리고 SST가 운영하는 컴퓨터 서버가 계산한 발사 지점과 녹음된 소리는 해당 지역의 관할 경찰서로 즉시 전송되는데, 이때

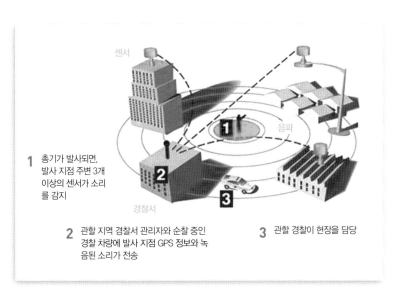

센서

1 음파

1 총기가 발사되면,
발사 지점 주변 3개
이상의 센서가 소리
를 감지

경찰서

2 관할 지역 경찰서 관리자와 순찰 중인
경찰 차량에 발사 지점 GPS 정보와 녹
음된 소리가 전송

3 관할 경찰이 현장을 담당

샷스파터의 작동 방식. 총소리가 감지되면 3개 이상의 센서를 이용한 삼각측정법으로 발사 지점을 알아내 관할 경찰서에 알린다. (〈http://www.citylightcap.com/portfolio/shotspotter〉)

스마트폰처럼 일반 통신 사업자의 무선 데이터 통신망을 활용한다.

샷스파터는 한 세트의 시스템이 탐지 가능한 면적을 기존 기술 대비 250~3,000배로 넓힘으로써 군사나 특수 작전에 한정되던 건 로케이터의 용도를 도시 내 치안으로 확장했다. 또한 SST의 음향분석 팀이 365일 24시간 동안 발생한 모든 총소리를 과거 총기 사고의 데이터와 대조해, 발사된 무기의 종류와 총기를 발사한 유력 용의자의 신분과 예상 거주지, 과거 유사한 패턴을 보였던 사건 기록 등을 찾아내 수사 기관에 함께 제공함으로써 시스템의 효과를 배가한다.

●

'샷스파터'의 고무적인 효과: 총기 발사 건수가 대폭 감소

현재 뉴욕, 워싱턴, 보스턴, 샌프란시스코 등 미국 60여 개 도시에 채용돼 면적 760제곱킬로미터 이상의 지역을 모니터링하고 있는 샷스파터의 효과는 실로 고무적이다. 실제 샷스파터를 통해 감지된 총기 사건의 80%는 911에 신고조차 되지 않았다. 또한 샷스파터가 설치된 지역에서는 총기 사건이 꾸준히 감소하고 있다. SST가 공개한 통계에 따르면 2014년 이후 샷스파터를 사용 중인 46개 도시의 총기 발사 건수를 집계한 결과 전년 대비 2015년 총기 발사 건수가 평균적으로 12.8% 줄어든 것으로 나타났다.[31]

---

31 | SST (2015), National Gunfire Index, 〈http://www.shotspotter.com/2015NGI〉.

그중 코네티컷 주 뉴헤이븐은 샷스파터 사용의 가장 극적인 효과를 보여주는 지역이다. 샷스파터 도입 후 총기 발사 건수가 무려 38.5%나 감소한 것이다. 2015년의 경우 총기에 의한 살인 발생 건수는 2011년에 비해 절반으로 줄었다. "우리는 샷스파터의 엄청난 팬이며, 이 기술을 뉴헤이븐 전역으로 확장하는 것을 검토 중이다"라는 토니 하프(Toni N. Harp) 시장의 찬사는 샷스파터의 효과와 수사기관이 샷스파터를 얼마나 신뢰하고 있는지를 잘 보여준다.

앞서 언급했듯이 샷스파터는 수사기관뿐 아니라 민간으로도 점차 그 활용 범위를 확대해나가고 있다. SST는 발전소, 공항, 지하철역 등 총기나 폭발 사고가 발생했을 경우 큰 피해가 예상되는 시설을 관리하기 위한 시스템을 개발해 제공하고 있다. 또한 일반 기업과 건물을 위한 시스템도 개발했다. 사실 2012년 한 해 동안 미국은 394명이 직장에서 총기 사고로 목숨을 잃었을 만큼 민간기업의 수요도 적지 않다.[32]

●

'시큐어캠퍼스' 시스템으로 학교를 지키고, 더 나아가 '스마트시티'로!

수년마다 총기 난사 사건이 발생하는 미국의 고등학교와 대학교 캠퍼스에도 샷스파터가 채용되기 시작했다. 2015년 6월 SST가 위치한 샌프란시스코 지역의 뉴웍 메모리얼 고등학교가 SST의 '시큐어캠퍼스

---

32 | US Bureau of Labor Statistics, "Workplace Homicides, by industry, 2012".

(SecureCampus)' 시스템을 처음으로 도입했는데, 시스템이 설치됐다는 사실을 주위에 환기하는 것만으로도 총기 사고를 미연에 방지하는 효과가 있었다. 설사 최악의 사건이 발생하더라도 시스템에 의해 즉각적 신고가 가능해졌다. 과거 미국에서 발생한 총기 난사 사건을 분석한 결과 범인의 총격은 평균 12분간 지속되었으나 혼란과 충격 때문에 911로 사건이 접수되는 최초 시각은 발사 시작 후 3~5분이나 지난 후였다. 최악의 상황에서 신고 시각을 몇 분이나마 앞당기는 것만으로도 인명을 구할 수 있다는 이야기다.

2015년 SST는 스마트시티를 위한 조명 기구를 제조하는 GE 라이팅(GE Lighting)과 양해각서를 체결하였다. GE가 제조하는 스마트 가로등은 사람이나 차량의 통행량에 따라 광량을 조절한다. 주차장에서 빈 공간을 인식해 표시등을 켜고 끄기도 한다. 또한 조명 기구가 네트워크에 연결되어 있어 사람과 차량의 통행량, 날씨, 사고 등에 관한 정보를 실시간으로 시에 전달한다. SST는 GE의 스마트 조명에 샷스파터 센서와 시스템을 결합하는 방안을 모색 중이다.

그런데 이렇듯 폭넓은 활용 범위와 다양한 효과를 지닌 샷스파터를 사용하기 위해 지불해야 하는 비용은 사실 만만치가 않다. 뉴욕 시가 17개 지역, 총면적 40제곱킬로미터에 샷스파터 솔루션을 설치하는 데 사용한 비용은 연간 150만 달러에 달했다.[33] 작은 규모의 수사기관이

33 | "New York Police begin using ShotSpotter system to detect gunshots" (2015. 3. 16). *The New York Times*.

나 행정기관이 채용하기에는 만만치 않은 액수다. 그래서 SST는 샷스파터 구입을 희망하는 기관에 펀드 모금 방법을 컨설팅해주는 대안적 서비스를 제공한다. 수사기관이나 행정기관이 SST에 요청하면 해당 기관이 활용 가능한 정부나 민간의 펀드, 또는 후원자를 연결해준다. 펀드 정보와 펀딩 전략 수립에 관한 웨비나(Webinar), 즉 웹을 통해 중개되는 세미나를 개최하기도 한다.

2013년부터 SST는 샷스파터로 수집된 총기 발사 관련 통계를 분석해 NGI(National Gunfire Index)[34]로 매년 발간하는데, 2015년도의 경우 NGI에 포함된 총기 사고가 5만 4,699건에 이른다. SST는 축적된 NGI 데이터가 총기 관리 및 총기 사고에 관한 정부 정책의 수립에 활용될 수 있으리라 기대하고 있다.

본래 샷스파터는 이미 발생한 범죄를 감지하는 시스템으로 만들어졌지만, 총기 사고를 미연에 방지하는 데도 놀랍도록 효과적이었다. 불특정 국가가 무차별적 공격과 테러 위협에 노출되고 있는 만큼 SST가 발전시키고 있는 관련 기술에 그 어느 때보다 주목하게 된다.

---

34 | SST (2015). National Gunfire Index. 〈http://www.shotspotter.com/2015NGI〉.

06

사이버 공격과 정보 유출로부터 안전한 이메일은 없을까?

:: 프로톤 테크놀로지(Proton Technologies) ::

2013년 6월 10일, 전 미국 중앙정보국(CIA) 직원이자 국가안보국(NSA)에서 근무했던 에드워드 스노든(Edward Snowden)은 영국 《가디언》을 통해 미국 국가안보국이 그동안 무차별적으로 개인정보를 수집해왔다고 폭로한다. 스노든에 따르면 미국 국가안보국은 2007년부터 개인 전자정보 수집 프로그램인 프리즘(PRISM)을 통해 미국의 주요 인터넷 기업 9곳의 서버에 접속하거나 해저 광케이블에서 데이터를 가로채는 방식으로 개인정보를 수집해왔으며, 심지어 앙겔라 메르켈 독일 총리 등 최소 35개국 정상들의 통화까지 도청했다. 파문이 커지면서 사람들은 인터넷상의 개인정보 유출에 대해 불안감을 나타냈으며, 안전하게 암호화된 이메일의 필요성을 절감한 과학자들도 등장했다. '프로톤메일(Protonmail)'을 개발한 엔디 옌(Andy Yen), 제이슨

스토크만(Jason Stockman), 웨이 선(Wei Sun)이 바로 그들이다.

●

침해되는 프라이버시: 기존의 이메일은 "자물쇠 옆에 열쇠를 놓아둔 격"

이들은 스위스에 위치한 유럽입자물리연구소(CERN: European Organization for Nuclear Research) 연구원 출신으로, 2013년 6월 '프로톤 테크놀로지(Proton Technologies AG)'를 설립하고 이듬해인 2014년 5월 프로톤메일의 베타버전을 출시한다. 엔디 엔은 2014년 10월 TED 강연에서 인터넷이 우리 삶을 바꾸고 많은 혜택을 주었으나 엄청난 양의 개인정보가 온라인상에 무방비 상태로 존재하게 되어 '프라이버시'라는 개념 자체가 흔들리고 있다며 우려를 표명한다. 예를 들어, 기존의 암호화되지 않은 이메일은 누구나 볼 수 있는 '엽서'나 마찬가지여서 통신사나 이메일 서비스 기업이 마음만 먹으면 열람이 가능하고, 일부 암호화를 시도한 이메일 서비스도 암호를 풀 수 있는 키(Key)가 이메일 서버에 저장되어 있어 '자물쇠 옆에 열쇠를 놓아둔 격'이라고 그 위험성을 경고한다. 프로톤메일은 이 같은 정보 유출의 폐단을 막고자 이메일 내용을 볼 수 있는 키 자체를 암호화하여 수신자 외에는 프로톤 테크놀로지 직원을 포함한 그 누구도 메일 내용을 볼 수 없도록 원천적으로 차단한다.

이 외에도 프로톤메일은 스위스 산속 1,000미터 지하에 데이터센터를 구축해 물리적 보안을 강화하였고 사용자 가입 시 개인정보를 요구하지 않는다. 접속하는 IP 로그 데이터를 저장하지 않고 기본 서비스를 무료로 제공한다는 것(유료 서비스인 프로톤메일 플러스는 기본 저장 용량인 500메가바이트를 5기가바이트로 늘려주고 여러 개의 이메일 계정을 사용할 수 있도록 지원하는 등 추가 기능을 제공) 또한 장점이다.

하지만 사용 절차는 기존 이메일보다 다소 번거롭다. 우선 다른 웹메일과 마찬가지로 회원가입을 한다. 그런데 가입 시 로그인 비밀번호 외에 메일함(mailbox) 비밀번호도 별도 설정을 해야 한다. 회원 가입이 완료되면 회원 인증용 로그인을 할 때와 메일함을 여는 단계에서 두 차례 비밀번호 입력 과정을 거쳐야만 프로톤메일에 접속할 수 있다. 메일을 작성한 후 프로톤 메일 사용자에게 보내면 메일은 자동으로 암호화되어 송신되고, 수신자는 자신의 메일함 박스 비밀번호로 암호를 푼 후 메일 내용을 확인할 수 있다. 외부 이메일 계정으로 메일을 보내는 경우에는 송신자가 메일을 암호화해서 보낼지 말지를 선택할 수 있다. 만약 메일 내용을 암호화하여 보내고자 할 경우에는 다시 한번 비밀번호를 설정하는 절차를 거친다. 따라서 프로톤메일을 다른 외부 이메일 계정으로 수신받은 사람은 송신자가 설정한 비밀번호를 알아야만 내용을 확인할 수 있다. 또한 만료(expiration) 기능이 있어 설정한 날짜가 지나면 보낸 이메일을 자동 삭제할 수도 있다.

전 세계 고객들이 프로톤메일에 열광한 이유

복잡한 이용 절차에도 불구하고 프로톤메일에 대한 고객 반응은 폭발적이었다. 2014년 5월 베타버전을 공개한 지 3일 만에 사용자들이 몰려 서버 증설을 위해 서비스를 일시 중단해야 했고, 7월에는 크라우드펀딩 사이트 인디고고에서 목표액이었던 10만 달러를 훌쩍 뛰어넘는 55만 달러의 투자금 유치에 성공한다. 소프트웨어와 모바일 애플리케이션을 검색하거나 평가하는 얼터너티브투닷넷(Alternativeto.net)에서는 다음과 같은 불평과 함께 별 5개를 남긴 소비자도 있었다. "마이크로소프트의 아웃룩 같은 프로그램과 연동도 안 되고 두 번이나 로그인하는 것이 너무 불편…… 그래서 난 프로톤메일을 사용한다."

2015년 3월에는 벤처캐피털 찰리 리버 벤처스(Charles River Ventures)와 인큐베이터 업체 퐁짓(FONGIT; Fondation Genevoise pour l'Innovation Technologique)으로부터 총 200만 달러 투자 유치에도 성공했다. 2015년 12월 기준으로 약 100만 명의 가입자를 확보하였고 2016년 8월에는 iOS와 안드로이드용 모바일 앱의 베타버전도 공개하였다.

물론 프로톤메일 입장에서는 달갑지 않은 상황도 있다. 이슬람국가(IS) 등의 과격 테러리스트들이 암호화 메신저 프로그램인 '텔레그램(Telegram)'으로 통신한다는 사실이 알려지면서 러시아 의회가 보안메신저를 폐지하는 법을 만들겠다고 발표했으며, 미국 역시 연방수사국(FBI)의 감시가 가능하도록 기업들에 압력을 가하고 있다. 하지만 프로톤메일 측은 암호화된 메신저를 사용하지 못하도록 금지할 경우에 벌어질 사이버 공격이나 정보 유출 문제가 더욱 심각하다고 판단해 반대 입장을 분명히 하고 있다.

프로톤메일은 홈페이지에서 자신들의 목표를 "사이버 공격에 안전하고 프라이버시를 존중하는 인터넷을 만드는 것"이라고 밝히고 있다. 전송된 사진이나 메시지가 10초 이내에 사라지는 서비스를 통해 하루 평균 1억 5,000만 명이 사용 중인 '스냅챗(Snapchat)'에 이어 프로톤메일도 구글이나 야후 같은 기존 이메일의 대안으로 부상할 수 있을지 예의주시할 필요가 있겠다.

07
___

사람이 들을 수 없는 소리까지 감지하는, 홈 시큐리티의 강자

:: **코쿤**(Cocoon) ::

정보통신기술의 발달로 다양한 기기를 인터넷에 연결할 수 있게 되면서, 이를 활용한 편리한 서비스도 더불어 출시되고 있다. 최근 ICT의 중심으로 부상한 사물인터넷은 스마트 홈, 스마트 오피스 등으로 인터넷과 첨단 기술을 접목한 새로운 서비스의 등장을 예고하고 있다.

●

최근 들어 더욱 주목받는 홈 시큐리티 서비스

그중 스마트 홈 분야에 대한 관심이 크게 증가하고 있는데, 특히 스마트 홈 사업의 교두보로 여겨지는 홈 시큐리티(home security) 분야는 전통적 보안 업체뿐 아니라 통신 업체, 디바이스 업체 등 다양한 기업들이 진출하고 있다. 홈 시큐리티 시스템은 '가정의 안전을 컴퓨터를 이용하여 집중 관리하는 시스템으로서, 가스 누설, 화재, 도난을 경고하거나 이상 발생 시 긴급 연락선으로 통보하는 시스템'을 의미한다. 홈 시큐리티는 보안 업체를 통해 과거에도 제공되던 서비스인데, 최근 들어 더 주목을 받는 이유는 무엇일까? 이는 자신의 안전을 제대로 지키고 싶어하는 소비자와, 첨단 기술을 활용해 보다 차별화된 서비스를 제공하고자 하는 공급자 양쪽의 니즈를 ICT 기술이 연결해주었기 때문이다. 특히, 컴퓨터와 통신의 발달로 인해 홈 시큐리티 서비스 수준 또한 높아지면서, 홈 시큐리티 서비스는 소비자들이 민감하고 중요하게 생각하는 도난 문제로부터 자유롭게 해줄 수 있게 되었다. 예를 들어, 휴가라든지 명절 등을 이유로 집을 오래 비울 경우 절도범의 표적이 되기 쉽다는 생각에 불안감을 더 이상 갖지 않아도 되는 것이다. 누구도 도난 및 화재에 대한 고민에서 예외일 수 없기 때문에, 이러한 문제를 해결해주는 비즈니스, 즉 홈 시큐리티 관련 스타트업의 창업이 늘어나고 있다.

IT 온라인 매체 테크크런치는, 홈 시큐리티 시장에 대한 관심이 증가하면서 관련 스타트업들의 기술 수준 또한 매우 높아지고 있으며 사물인터넷의 킬러 앱은 홈 시큐리티라고 말할 수 있을 정도로 홈 시큐리티가 사물인터넷의 메인 스트림이 될 것이라고 하였다. 예를 들어 인터넷과 카메라를 연결하는 것은 이제 기본이고, 카메라가 스마트폰 앱과 연동되어 있어 집안에서 어떤 일이 벌어지는지 인터넷을 통해 동영상으로 생생하게 관찰할 수 있다. 최근에는 여러 가정을 한꺼번에 지켜주는 클라우드 서비스까지 등장했다.

●
초저주파 불가청음까지 탐지하는 코쿤의 '서브사운드' 기술

홈 시큐리티 업체 중에서도 특히 주목을 받는 기업은 2014년 인디고고를 통해 펀딩을 받아 창업한 보안 시스템 전문 스타트업 '코쿤 (Cocoon)'이다.

코쿤은 홈 시큐리티 시스템인 '서브사운드(Subsound)'를 개발하였는데, 서브사운드는 세계 최초로 초저주파 불가청음까지 탐지할 수 있어, 기존의 시큐리티 디바이스와 차별화된 장점을 자랑한다. 초저주파란 가청 주파수 이하의 주파수를 가진 음파를 말하는데, 기술적으로 20헤르츠 이하의 주파수를 의미한다. 우리 생활에서 접할 수 있는 초저주파는 입으로 소리를 내는 대신에 팔을 흔든다거나, 물체를 흔들 때 나는 소리를 예로 들 수 있으며, 스피커에서 음악이 나올 때 진동이 느껴지는 것도 초저주파이다.

만약 집안에 강도나 도둑이 들어왔다고 해보자. 아마도 그 도둑은 최대한 소리를 내지 않기 위해 조용하고 은밀하게 움직일 것이다. 하지만 아무리 조심해서 이동하더라도 강도와 도둑의 움직임에 따라 초저주파가 발생한다. 코쿤에서 만든 홈 시큐리티 장비는 바로 이 초저주파 인식에 중점을 두는 것이다. 기존의 전통적 홈 시큐리티 업체가 해오던 카메라 기반의 보안 시스템을 넘어서 그것이 미처 인식하지 못하는 부분, 곧 불가청음 영역까지 포착하는 기술을 활용해 보완하고 있는 것이다. 이는 코쿤의 핵심 기술로서 센서 기능을 가진 모니터 안에 고사양 센서들이 탑재되어 있어 건물과 건물 사이, 물건과 물건 사이에서 발생하고 전달되는 음파를 쉽게 감지한다.

코쿤의 공동 창업자 중 한 사람인 댄 콜론(Dan Colon)은 "기존의 홈 시큐리티 시스템은 제대로 된 보안을 수행하지 못하고 있다"라고 냉정한 평가를 내리면서, 기존의 보안 시스템은 강도나 도둑이 침입할 때 이들을 제대로 식별하지 못할 뿐 아니라, 기능에 비해 가격이 비싸고 시스템 조작이 복잡하다고 비판하였다. 특히 긴급 사태가 발생했을 경우 많은 사람이 당황하고 시스템을 제대로 조작하지 못해 더 큰 문제를 일으킬 수 있다는 점을 지적하였다. 이에 반해, 코쿤에서 개발한 서브사운드는 이런 문제를 대부분 해결하고 있으며, 간단한 조작으로 예민한 변화까지 모두 감지할 수 있다고 강조하였다.

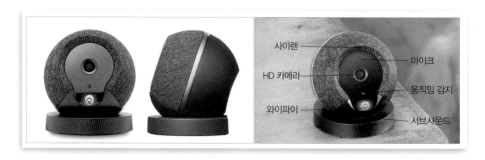

▌ 코쿤 사의 핵심 기술 '서브사운드'. (코쿤 홈페이지 〈https://cocoon.life/〉)

서브사운드의 제품 사양

카메라	• 1080 HD 카메라 • 300메가 센서 • 120도 시야각 • 전자동 나이트 비전 • 8배 850nm IR LED • H.264 HD 비디오	서브사운드	• 초저주파 마이크 • 머신러닝 알고리즘
오디오, 사이렌 등	• 20Hz~20kHz 마이크 • 빌트인 스피커 • 90+dB 사이렌 • RGB LED	기타 센서	• 위치 인식
연결	• 와이파이(802.11 g/n) • WEP, WPA, WPA2 보안	전원	• 110~240V
크기 및 무게	• 높이: 85mm • 지름: 75mm • 무게: 175g	스마트폰 앱	• 안드로이드, 애플 스마트폰 대응

▌ 코쿤 홈페이지 〈https://cocoon.life/〉.

코쿤의 서브사운드는 초저주파음 감청 외에도 기존 홈 시큐리티가
제공한 동영상 센서, HD 카메라 등을 기본으로 갖추고 있다. 또한 광
폭 렌즈가 부착되어 있어 어두운 밤에도 침입자 상황을 탐지하고 그
모습을 촬영해 사용자에게 전달할 수 있다. 사용자가 외부에 있어도
스마트폰으로 집안의 상황을 생생하게 보고 들을 수 있는 것이다. 코
쿤에서는 이를 위해 GPS 울타리인 '지오펜스(Geofence)'라는 GPS 기

반의 서비스를 사용하는데, 지오펜스를 통해 설정된 지역 안에서는 그 어떤 움직임이라도 모두 파악할 수 있다.

사회가 발전하고, 새로운 기술이 개발될수록 인간의 생활은 편해지지만, 그 이면에서는 자연재해와 인재(人災) 등도 곧잘 발생하면서 고민과 걱정거리도 함께 늘고 있다. 코쿤의 서브사운드는 기존 업체들이 제공해오던 평범한 서비스를 넘어서고자 첨단 기술 개발에 노력을 쏟아 붓고 또 그것을 한데 집약시킨 결과물이라 할 수 있다. 안전관리 기술은 사회적 관심과 첨단 기술의 접목이 가능한 분야로, 앞으로 ICT를 활용한 다양한 기술이 총동원될 것으로 전망된다. 인간의 영원한 페인 포인트(pain point)인 안전관리를 어떻게 더 쉽고 안정적으로 공급하느냐가 홈 시큐리티 사업의 성공 여부를 결정할 것이다.

참고문헌

들어가는 말

키바 홈페이지 〈https://www.kiva.org/〉.

"What is a startup?" (2013. 12). *Forbes*.

"The founder of TOMS on reimagining the company's mission" (2016.
    1~2). *Harvard Business Review*.

1부   건강한 삶, 지금보다 더 많은 이들이 누려야 할 인류의 권리

01

멤피스 미츠 홈페이지 〈http://www.memphismeats.com/〉.

FAOSTAT 홈페이지 〈http://www.fao.org/faostat〉.

FAO (2009). How to feed the world in 2050.

FAO (2013). Tackling Climate Change through Livestock–A Global Assessment
    of Emissions and Mitigation Opportunities.

02

애그리리스트 홈페이지 〈https://www.agrilyst.com/〉.

애그리리스트 공식 블로그 〈https://medium.com/agrilyst〉.

03

올비 홈페이지 〈http://myallb.com/〉.

스프라우틀링 홈페이지 〈http://www.sproutling.com/〉.

아울렛 홈페이지 〈http://www.owletcare.com/〉.

킥스타터 홈페이지 〈http://www.kickstarter.com/〉.

04

오픈 바이오닉스 홈페이지 〈https://www.openbionics.com〉.

"Open Bionics partners with NHS for a feasibility study to bring bionic
    hands to the U.K. health system" (2016. 12. 6). TechCrunch.

05

브레인포카즈 홈페이지 〈http://brain4cars.com/〉.

〈https://seriousaccidents.com/legal-advice/top-causes-of-car-accidents/
    driver-distractions/〉.

〈https://angel.co/celludrive〉.

〈http://tech.co/drive-safely-drive-smartly-drivewise-ly-2013-04〉.

"동부화재, 안전운전하면 할인해주는 車보험 출시" (2016. 4. 28). 《머니투데이》.

"Brain4Cars analyzes driving behavior with AI to predict and prevent road
    accidents" (2015. 10. 14). Digital Trends.

Jain, A. et al. (2015) "Structural-RNN: Deep learning on spatio-temporal
    graphs". Tech Report (Under Review).

06

비트파인더 홈페이지 〈http://staging.bitfinder.co/kr/tech.html/〉.

어웨어 홈페이지 〈http://getawair.com/〉.

UN환경계획. "요리할 때 나오는 대기오염 물질에 연간 430만 명 사망" (2016. 5. 29). 《조선일보》.

"IoT 기술 적용된 소비자 맞춤형 공기 서비스 나왔다, '어웨어'" (2015. 6. 30). 《IT동아》.

"[창조가 & 혁신가 노범준 비트파인더 대표] 美 IT 업계 '구루도 우리 제품에 반했죠" (2016. 3. 13). 《중앙시사매거진》.

"공기 측정기 시장에도 IoT 바람이 분다" (2017. 2. 22). ZDNet.

07

셀스코프 홈페이지 〈https://www.cellscope.com/〉.

〈http://cellscope.berkeley.edu/〉.

〈http://engineering.berkeley.edu/magazine/fall-2015/cellscope-loa〉.

〈http://www.japantimes.co.jp/news/2015/05/07/world/science-health-world/microscope-smartphone-can-detect-parasites-blood/#. WOrZd0WGNhE〉.

〈https://www.engadget.com/2015/05/07/berkeley-cellscope-loa/〉.

〈https://directorsblog.nih.gov/cellscope-loa/〉.

〈http://www.yoonsupchoi.com/2016/06/04/digital-medicine-6/〉.

"[이덕환의 과학세상] (532) 기생충 질병" (2015. 10. 16). 《디지털 타임스》.

Fletcher, D. A. et al. (2015. 5. 6). "Point-of-care quantification of blood-borne filarial parasites with a mobile phone microscope", *Science Translational Medicine*. Vol. 7, Issue 286, pp. 286re4.

08

쿠이 홈페이지 〈http://cooey.co.in/〉.

아이엠와이어 홈페이지 〈http://www.iamwire.com/〉.

09

마이슈거 홈페이지 〈https://mysugr.com/〉.

"Digital health startup mySugr gets $4.8M to make diabetes 'suck less'"
    (2015. 3. 11). TechCrunch.

"Roche Ventures, iSeed Fund invest $4.8M in diabetes app company
    mySugr" (2015. 3. 11). mobihealthnews.

2부   깨끗한 지구, 더 오래도록 지켜야 할 인류의 의무

01

폴리아 워터 홈페이지 〈https://www.foliawater.com/〉.

인디고고 홈페이지 〈https://www.indiegogo.com/〉.

"사회적 기업 선언 킥스타터. '문화 다양성 위해 싸울 것'" (2015. 11. 4).《한국일보》.

"Bug-killing book pages clean murky drinking water" (2015. 8. 16). BBC
    News.

"'Drinkable Book' promises to filter dirty water" (2015. 8. 17). Time.

02

리퀴디티 나노테크 홈페이지 〈http://liquico.com/〉.

네이키드필터 홈페이지 〈https://nakedfilter.com/〉.

"Liquidity launches to bring clean water to everyone" (2015. 5. 4). TechCrunch.

03

오스타라 홈페이지 〈http://ostara.com〉.

〈https://services.ostara.com/weftec/downloads/Ostara_Pearl10K-brochure_ web.pdf〉.

〈https://www.crunchbase.com/organization/ostara#/entity〉.

KOTRA (2014. 8. 26). "미국 하폐수처리 시장 동향". 해외 시장 뉴스.

"Canadian waste water treatment firm cleaning up with its technology" (2014. 6. 4). The Globe and Mail

Cordell, D. (2010). "The story of phosphorus-sustainability implications of global phosphorus scarcity for food security". Linköping studies in Arts and Science. Linköping University.

"From the TOP: Q&A with Philip Abrary" (2010. 11. 9). Environmental Protection.

"The MWRD of greater Chicago and Ostara open world's largest nutrient recovery facility to help recover phosphorus and protect Mississippi river basin" (2016. 5. 25). Marketwired.

Westerhoff, P. et al. (2015). "Characterization, recovery opportunities, and valuation of metals in municipal sludges from U.S. wastewater treatment plants nationwide". *Environmental Science & Technology.* 29(16). 9479–9488.

스파이어 홈페이지 〈https://spire.com/〉.

"〈NEWS LAB-it〉또 사람 탓?… 기상청 10년 8,032억 원 '투자 미스터리'" (2016. 9. 6). 《한국경제》.

"Lofty aspirations for Spire's weather-watching cubesats" (2015. 9. 17). Spacenews.

"Meet the CEO who's never fired anyone" (2014. 10. 10). Fast Company.

"Satellite start-up promises super accurate weather data" (2015. 1. 30). PCMag.

"Spire CubeSat Satellites Will Enable Drone Ships" (2016. 4. 25). Nanalyze.

"Spire, maker of radio-size satellites, tunes into $40 million in new funding" (2015. 6. 30). Techcrunch.

"Spire, planet labs shrug off launch disaster for Elon Musk's SpaceX" (2015. 7. 2). Xconomy.

"Spire unveils first ever shoebox-sized satellite to make weather as predictable to navigate as google maps" (2015. 1. 29). MarketWired.

"SpaceX success launches space startups to new heights" (2015. 1. 15). Reuters.

"Spire's Peter Platzer: the boss who never fires anyone" (2015. 4. 6). *The Guardian*.

오파워 홈페이지 〈https://opower.com〉.

한국전기연구원 (2012. 6. 14). 2011년 전국 대기전력 실측조사 결과 발표 (보도자료).

Chernova, Yuliya (2014. 4. 7). "How energy upstart Opower bested Google and Microsoft". *The Wall Street Journal*.

Cuddy, Amy J. C., Doherty, Kyle Todd and Bos, Maarten W. (2010. 9) (Revised 2012. 1). "Opower: Increasing energy efficiency through normative influence (A)". Harvard Business School Case 911-016.

Gunnam, Satya (2015. 4. 14). Opower: Win-win for consumer & utilities. ⟨https://openforum.hbs.org/challenge/understand-digital-transformation-of-business/data/opower-win-win-for-consumers-utilities⟩.

"Opower announces Opower 7, upgraded platform with business intelligence for utilities" (2016. 3. 2). Business Wire.

"Opower: Growing fast by helping utilities understand you" (2015. 11. 22). The Motely Fool.

"Oracle buys cloud-based SaaS vendor Opower for $532 million" (2016. 5. 2). ZDNet.

Overly, Steven (2014. 4. 4). "Shares Arlington-based Opower surge 21 percent in initial public offering" *The Washington Post*.

06

데시와트 홈페이지 ⟨http://deciwatt.global/⟩.
그래비티 라이트 재단 홈페이지 ⟨https://gravitylight.org/⟩.
쉘 스프링보드 홈페이지 ⟨http://shellspringboard.org/⟩.
인디고고 홈페이지 ⟨https://www.indigogo.com/⟩.

07

언차티드 파워 홈페이지 ⟨https://www.u-pwr.co/⟩.

"Play it forward" (2015. 1. 5). *Forbes*.

3부 평평한 사회, 결코 미뤄둘 수 없는 인류의 이상

<u>01</u>

니아루카 홈페이지 〈http://nyaruka.com/〉.

래피드프로 홈페이지 〈http://www.rapidpro.io/〉.

텍스트잇 홈페이지 〈http://textit.in/〉.

k랩 홈페이지 〈https://klab.rw/〉.

담비사 모요 (2012. Original work published in 2009). 《죽은 원조》. 김진경 역.
  알마.

Harsch, E. (1998). OAU sets inquiry into Rwanda genocide: A
  determination to search for Africa's own truth. Africa Recovery, 12(1), 4.

IMF (2017. 4). World Economic Outlook.

"kLab: A space for innovation in Rwanda" (2012. 8. 1). How We Made IT in
  Africa.

"RapidPro: An app store for international development" (2014. 9. 22).
  YouTube.

"Rwanda hopes high-tech can replace genocide as its defining feature"
  (2017. 4. 7). The Times of Israel.

"Rwandan revival: The rise of tech entrepreneurship in Rwanda" (2014. 12.
  27). VentureBeat.

UNICEF launches 'app store for good' (2014. 9. 22). UNICEF Press Release.

World Bank Group (2016. 10. 25). Doing Business 2017.

02

비 마이 아이즈 홈페이지 〈http://bemyeyes.com/〉.

"Lend me your eyes" (2017. 2. 5). BBC.

"'Micro-volunteer' your time to help the blind" (2015. 1. 31). Telegraph.

TEDx Copenhagen. "Be My Eyes". 〈http://tedxcopenhagen.dk/talks/be-
my-eyes〉.

"WHO fact sheet N°282. visual impairment and blindness". 〈http://www.
who.int/mediacentre/factsheets/fs282/en/〉.

03

트루 링크 파이낸셜 홈페이지 〈https://www.truelinkfinancial.com/〉.

"These 3 entrepreneurs started companies to help their grandparents"
(2015. 12. 24). fastcompany.com.

04

페이오프 홈페이지 〈https://www.payoff.com/〉.

KB 금융지주연구소 (2015. 8. 26). "인성평가 금융업 적용 사례".

"New study unlocks key to eliminating americans' debt by understanding
consumer behavior" (2016. 5. 23). BusinessWire.

"Stop debt before it starts with this financial personality quiz" (2016. 5. 30).
Yahoo Finance.

05

민트 홈페이지 〈https://www.mint.com/〉.

〈http://batescreative.com/blog/brands-that-get-it-mint/〉.

〈http://sungmooncho.com/2009/11/24/mint/〉.

"Build better spending habits with these 7 Android finance apps" (2015. 4. 28). 〈http://www.makeuseof.com/tag/better-spending-habits-7-android-finance-apps/〉.

06

에버렛저 홈페이지 〈https://www.everledger.io/〉.

〈http://news.mk.co.kr/newsRead.php?no=435957&year=2016〉.

〈http://uk.reuters.com/article/us-banks-blockchain-r3-exclusive-idUKKCN12K17E〉.

〈https://techcrunch.com/2015/06/29/everledger/〉.

〈https://medium.com/@LeeanneEnochMP/diamonds-are-forever-and-so-is-the-blockchain-entrepreneur-leanne-kemp-tells-us-more-198b02bb4f90#.36nfcpwwv〉.

〈https://dailyfintech.com/2015/07/23/everledger-and-the-immutable-protection-of-provenance-through-the-block-chain/〉.

〈http://www.coindesk.com/everledger-announces-partnership-vastari-combat-art-fraud/〉.

〈http://www.gereports.kr/what-the-blockchain-means-for-supply-chains/〉

〈https://www.youtube.com/watch?v=GAdjL-nultI〉.

"Top 10 emerging technologies of 2016". 세계경제포럼 보고서.

07

사이버시티3D 홈페이지 〈http://www.cybercity3d.com/〉.

CyberCity3D (2016). Case Study: Miami DDA. 〈http://www.cybercity3d.
  com/#!products/r2pa2〉.

"CyberCity3D creates 3D interactive maps to help cities visualise their
  future" (2015. 11. 5). Directions Magazine.

"CyberCity3D inks agreement with Baseform Ltd. for next generation 3D
  Water Asset Management and Vis" (2016. 6. 9). Directions Magazine.

"CyberCity3D signs with Blue Sky for 3D smart building production" (2014.
  5. 28). Informed Infrastructure.

CyberCity3D, Inc. (2015. 2. 12). "What is a smart city?". Medium.com.

"Miami DDA launches interactive 3-D skyline map of new developments"
  (2016. 4. 5). Curbed Miami.

UN (2014). World Urbanization Prospects: The 2014 Revision.

Singapore NRF (2014. 12. 1). Unveiled: Virtual Singapore.

World Economic Forum (2015). Global Risk 2015.

08

카포스 홈페이지 〈http://www.kappo.bike/〉.

'넷엑스플로 어워드 2015' 홈페이지 〈http://www.netexplo.org/en/event/2015-
  netexplo-forum/kappo-netexplo-award-winner-2015〉.

"'Get yourself a bike, perico!': how cycling is challenging Santiago's social
  barriers" (2016. 7. 21). The Guardian.

Morey, T. Forbath, T. T. and Schoop, A. (2015. 5). "Customer data: designing
  for transparency and trust". Harvard Business Review.

"Right to walk is right to health" (2013. 7. 14). The Hindu.

"Uber offers trip data to cities, starting with boston" (2015. 1. 13). The Wall

Street Journal.

09

고테나 홈페이지 〈https://www.gotenna.com/〉.

"Meet GoTenna, a gadget that lets you text without a cell signal" (2016. 3. 2).
Fortune.

"GoTenna, the startup that lets you text without cell signal, raises $7.5M
and launches with REI" (2016. 3. 2). TechCrunch.

4부　안전한 세상, 하루라도 앞당겨야 할 인류의 꿈

01

팔란티르 홈페이지 〈https://www.palantir.com/〉.

〈http://www.ipnomics.co.kr/?p=33382〉.

〈http://www.hankyung.com/news/app/newsview.php?aid=2016072803291〉.

〈https://www.buzzfeed.com/williamalden/inside-palantir-silicon-valleys-
most-secretive-company?utm_term=.aub1QA1mJ#.usOglKg35〉.

〈https://rctom.hbs.org/submission/palantir-the-hottest-startup-youve-
never-heard-of/〉.

02

포렌식 로직 홈페이지 〈http://forensiclogic.com/〉.

Future Crime Institute 홈페이지 〈http://www.futurecrimes.com/〉.

"Data detectives seek up to $15 million in series B funding" (2014. 12. 9).

Strictly VC.

"IBM brings one of the world's largest networks of more than a billion law enforcement shareable documents to the cloud" (2015. 6. 22). IBM Press Release.

Institute for Economics & Peace (2015). Global Peace Index 2015.

Rozenfeld, Monica (2014. 9. 15). "The future of crime prevention". IEEE The Institute.

UNODC(United Nations Office on Drugs and Crime). Global Study on Homicide.

03

헌치랩 홈페이지 〈https://www.hunchlab.com/〉.

뉴욕 경찰 컴스탯(CompStat) 홈페이지 〈http://www.nyc.gov/html/nypd/html/crime_prevention/crime_statistics.shtml〉.

세계경제포럼 홈페이지 〈https://www.weforum.org/〉.

〈http://www.yonhapnews.co.kr/bulletin/2015/04/24/0200000000AKR20150424003100123.HTML〉.

"〈마이너리티 리포트〉가 현실로… 미 경찰 범죄예측 프로그램" (2015. 4. 24). 연합뉴스.

"Report: CompStat does reduce crime" (2015. 5. 17). GCN. 〈https://gcn.com/Articles/2015/03/17/Compstat-report.aspx〉.

04

제이페이 홈페이지 〈http://jpay.com/〉.

칸 아카데미 홈페이지 〈https://www.khanacademy.org/〉.

홈웨이브 홈페이지 〈http://www.homewav.com/benefits/〉.

KA 라이트 홈페이지 〈https://learningequality.org/ka-lite/〉.

Durose, M. R., Cooper, A. D. & Snyder, H. N. (2014. 4). "Recidivism of prisoners released in 30 states in 2005: Patterns from 2005 to 2010". Bureau of Justice Statistics Special Report, NCJ 244205.

Hodgson, J. & Horn, J. "Imagining more than just a prisoner: the work of prisoners' penfriends" (2015. 4. 18). Warwick School of Law Research Paper No. 2015/12.

How IT can aid prison reform. (2015. 7. 16). StateTech.

Institute for Economics & Peace (2015). Global Peace Index 2015.

Jail video visits get positive feedback (2016. 5. 4). FlyerGroup.

"JPay proudly makes KA lite videos available to inmates, providing much-needed access to free education" (2016. 2. 24). PRNewswire.

"JPay, the Apple of the U.S. prison system" (2012. 9. 14). Bloomberg.

"JPay's KA Lite education app for inmates helps rehabilitate prisoners" (2016. 3. 6). Digital Trends.

"Justice department report reveals the biggest failure of america's prisons" (2014. 4. 22). Business Insider.

"Prisoners pay millions to call loved ones every year. Now this company wants even more" (2015. 10. 19). HuffingtonPost.

"The tablet designed for America's prisons" (2015. 7. 15). TabTimes.

"This controversial device is changing the way inmates interact with the outside world" (2015. 7. 29). Business Insider.

Tribridge (2014). "Challenges, changes & choices for jails, prisons and corrections facilities: New requirements demand new technology".

05

SST 홈페이지 〈http://www.shotspotter.com/〉.

시티 라이트 캐피털(City Light Capital) 홈페이지 〈http://www.citylightcap.com/portfolio/shotspotter〉.

"New York Police begin using ShotSpotter system to detect gunshots" (2015. 3. 16). *The New York Times*.

SST (2015). National Gunfire Index.

US Bureau of Labor Statistics. "Workplace Homicides, by industry, 2012".

06

프로톤메일 홈페이지 〈https://protonmail.com/〉.

"스위스표 오픈 소스 보안 e메일 '프로톤메일'" (2015. 8. 19). 블로터닷컴.

"Exclusive: Inside the ProtonMail siege: how two small companies fought off one of Europe's largest DDoS attacks" (2015. 11. 13). TechRepublic.

"ProtonMail is a Swiss secure mail provider that won't give you up to the NSA" (2014. 6. 23). TechCrunch.

07

코쿤 홈페이지 〈https://cocoon.life/〉.

인디고고 홈페이지 〈https://www.indiegogo.com/projects/cocoon-complete-home-security#/〉.

"Cocoon is a smart home security device that uses infrasonic sound to detect an intruder" (2014. 11. 3). TechCrunch.

안중하 | 서울대학교에서 경제학 박사학위를 받고, 현재 삼성경제연구소 산업전략1실 수석연구원으로 재직 중이다. 주요 연구 분야는 ICT 및 에너지 산업이며, 소비자 행동이론에 기반한 모형 개발과 이를 활용한 경영전략 연구도 수행하고 있다. 다양한 종류의 데이터를 이용하여 사회 및 산업 현상을 해석하며, 문화, 예술, 스포츠 등 인간의 유희(놀이)와 관련된 분야를 탐구하는 데에 관심이 많다.

안신현 | 삼성경제연구소 산업전략1실 수석연구원으로 재직 중이다. KAIST에서 전산학을 공부한 후 같은 학교 문화기술대학원에서 박사학위를 받았다. 과학기술, 인문사회학, 예술의 융복합에 관해 공부했고 여전히 큰 관심을 갖고 있다. 현재는 ICT를 비롯한 기술 산업의 트렌드를 분석하고, 이로 인한 산업과 사회, 소비자 변화를 연구하는 일을 주로 하고 있다.

김상지 | 서울대학교 경제학부를 졸업하고 같은 학교 경영대학원에서 경영전략 전공으로 석사와 박사학위를 받았다. 서울대, 한양대, 건국대 등에서 경영전략, 국제경영 등을 강의하였고, 2015년부터 삼성경제연구소 산업전략1실에서 수석연구원으로 재직하며 기술이 바꾸는 산업 생태계 변화와 그에 따른 기업들의 경쟁우위 변화, 기업 간 역학구도 변화 등에 관심을 가지고 연구를 진

행하고 있다. 경영의 최전선에서 전쟁을 치르는 실무자들에게 의미 있는 시사점을 주는 것을 즐거움으로 여기고 있다.

하주현 | 이화여자대학교에서 환경학을 공부하고, 일본 교토대학교에서 환경공학 전공으로 박사학위를 받았다. 한국환경정책평가연구원 초빙연구원을 거쳐, 2011년부터 삼성경제연구소에서 환경 경영 및 산업 관련 연구를 수행하고 있다. 실용적 환경주의자로서 기술 혁신과 비즈니스를 통해 환경을 보호하는 대안을 탐구 중이다.

양희태 | 한동대학교 경영경제학부를 졸업한 후 KAIST에서 기술경영 전공으로 석사와 박사학위를 받았다. LG CNS Entrue Consulting 부문 통신/서비스 그룹 책임컨설턴트와 삼성경제연구소 산업전략1실 수석연구원을 거쳐, 현재 과학기술정책연구원(STEPI) 부연구위원으로 재직 중이다. 주요 관심 영역은 디지털 혁신, 플랫폼 전략, 소비자 기술 수용 등이며, 언젠가는 신의 섭리와 행복의 근원을 연구해보리라는 소망을 가지고 있다.

이승철 | 서울대학교와 위스콘신대학교(University of Wisconsin–Madison)에서 농업 및 응용경제를 공부하고, 워싱턴주립대학교(Washington State University)

에서 보건경제 전공으로 박사학위를 받았다. 2010년부터 삼성경제연구소에서 헬스케어 정책 및 산업 분야의 연구를 수행하고 있다. 인간의 신체와 정신의 복합적 안녕에 관심이 많고, 이를 평생의 연구 주제로 삼고 있다.

김영도 | 중국 베이징대학교 지구물리학과를 졸업하고 KAIST에서 통계물리 전공으로 박사학위를 받았다. 이후 삼성경제연구소 산업전략1실에서 수석연구원으로 근무하면서 IT 산업 중심으로 산업분석, 경영전략 수립 등 연구를 수행하고 있다. 물리학자의 시선으로 세상만사를 배우고 정리하고 설명하는 데 관심이 있다.

이은경 | KAIST 수학과를 졸업하고 동 대학원에서 경영공학 내 경영정보시스템(MIS)으로 박사학위를 받았다. 2015년부터 삼성경제연구소 산업전략1실에서 수석연구원으로 재직하며 첨단 산업 및 기술 분야의 다양한 연구를 수행하고 있다. 주요 관심 영역은 디지털 경제, IT 산업, 플랫폼 비즈니스 등이다.